卷 首 语

非遗传承人口述史的写作问题

马知遥

非遗传承人口述史的写作，要避免以讹传讹，避免单方面的传言式记录，就需要找到相关人物群体，比如亲戚朋友、邻居们进行调查，否则我们得到的可能只是一面之词，也可能因此为一个虚假的主体进行了不恰当的传播。比如我们在山东某地调查时，当地的文化馆给我们推荐了一位当地的所谓唯一的布老虎艺人，结果我们发现她的手艺极差，当问起谁是她的师傅时，她说是她婆婆，后来我们发现，她的公公正是当地文化馆的领导。为此，我们只得自己到附近的村落调查，发现了一位老太太，问起她是否会做布老虎，她立刻从家里拿出了自己的作品，还从箱底拿出了老虎样子。这样我们就避免了一次调查的失误。

如何更精确地记录非遗制作或表演程式？我们认为需要加入传承人细致的制作过程和传承人的解说。为避免误解，非常有必要进行录音和录像。一些看似程式化的语言记录并不能直观表现或复原整个工艺流程或者表演。比如木版年画艺人的雕版技术，艺人用刀的轻重缓急是不可能通过文字真切表达的。要准确地体现出整个技艺的精巧，恐怕需要更为细致的三维成像技术的介入，而这些技术的实现首先需要田野调查时影像材料的采录。口述史要想尽可能准确表达，就还需借助影像资料的细节去充实和表述。

口述史写作中，需要加入一些图片资料，这些资料是对记忆和技艺相关的实物的影像呈现，是另一种佐证资料。有时图片应用得好，可以起到画龙点睛的作用，甚至可以烘托口述史的气氛。我们必须认识到，口述史毕竟是一种记忆叙事，在叙事中最关键的是对核心人物的展示，他讲述的个人成长、学艺经历、工艺或者舞蹈的步骤等，必须有会讲述故事的人才能达到深入浅出的目的。好的叙事者可以让故事波澜起伏，让阅读充满滋味。但我们看到的大部分口述史成了非常死板的人物编年，缺少讲述者的激情和喜怒哀乐，平淡的叙事让本该精彩的故事成了了无生气的事情罗列。这时候也可以加上一些辅助手段，比如一些关键时期的老照片，让图片叙事辅助文字讲述，增加可读性。甚至可以引入话剧剧本的写作手法，在口述史中以括注形式对人物状态动作做一些描述性的补充说明。这些都有助于使读者阅读时有回归现场的效果。

口述史的写作形式需要改革。经过多轮口述史访谈的写作和出版，我们发现遇到好的讲述者可以保证文字的动人和可阅读性，但如果遇到一些必须访谈的口述对象，且该对象的表达能力相对较弱时，则必须做好备案，即通过引发往事促其回忆，或需借助口述对象身边人的力量，比如对他的徒弟、朋友或乡亲们进行访谈，以形成全面的印象，甚至可以找一找能说会道的村中能人，多侧面、多角度塑造对主角的印象和评价。必须认识到，传承人并非个个都是演员，很多时候叙事并不能带来阅读的快感，后期的学术梳理和文字再加工是十分必要的。所有的口述在坚持真实的前提下首先需要具有可读性，有趣有情才有可能打动读者之心。

作者简介： 马知遥，天津市非遗保护协会副会长，天津大学国际教育学院教授、博导，文学博士。

2024 1
CONTENTS 目录

非遗传承研究

2024 1

总第33辑

主　办	上海师范大学
	中西书局
承　办	上海师范大学中国非物质
	文化遗产传承研究中心

名誉主编　冯骥才
主　编　陆建非
副主编　林银光　戴建国

编委会

主　任　陆建非
副主任　陈　恒
委　员　（以姓氏笔画为序）
　　　　王　元　张文潮
　　　　董丽敏

编辑部

主　任　林银光
副主任　郎晶晶

责任编辑　刘　博

刊名题字　陆建非

非遗传承研究

RESEARCH ON INTANGIBLE CULTURAL HERITAGE

目录 2024 1
CONTENTS

本目录页书法作品系中国书法家协会会员、上海师范大学中国非物质文化遗产传承研究中心王恩科中国书法工作室负责人王恩科所作

著作权使用声明

　　本刊已许可中国知网以数字化方式复制、汇编、发行、信息网络传播本刊全文。本刊支付的稿酬已包含中国知网著作权使用费，所有署名作者向本刊提交文章发表之行为视为同意上述声明。如有异议，请在投稿时说明，本刊将按作者说明处理。

地　　址　上海师范大学体化楼
　　　　　101 室
邮　　编　200234
电　　话　021-64321638
邮　　箱　fyjk2016@163.com
出版日期　2024年3月25日

菲律宾非物质文化遗产保护法律及相关政策解读

鲁艾薇

摘　要: 文章从菲律宾非物质文化遗产保护法律入手,通过对《宪法》《Manlilikha ng Bayan》《创建国家文化艺术委员会法案》《土著人民权利法案》和《国家文化遗产法》进行解读,梳理出其搭建主体网络、扎根民族土著、支持保障系统、构建信息档案、重视知识产权以及保护开发程序等特征,并以此阐发对中国非物质文化遗产保护工作的启示。

关键词: 菲律宾;非物质文化遗产;法律政策

2006 年,菲律宾加入《保护非物质文化遗产公约》缔约国,并于 2016 至 2020 年间担任联合国教科文组织保护非物质文化遗产政府间委员会委员,其间参与了 21 次法定会议,为世界非遗工作贡献了力量。菲律宾作为"一带一路"沿线重要国家之一,与中国有着密切的关系。对菲律宾非遗法律政策进行分析解读,既可为中国非遗保护和开发工作提供借鉴,也可为中菲双方文明互鉴、友好发展带来契机。

一、菲律宾非遗保护法律总体概况

1898 年,菲律宾摆脱西班牙侵占后建国,1897 年《宪法》便是其独立建国的重要纲领。《宪法》作为其他法律的制定依据,从国民教育体系、菲律宾传统语言、科学技术创新、艺术文化创作等角度为菲律宾非遗的保护和开发工作奠定了基础,也成为后世法律体系建设的指导思想。其中,第十四章关于艺术和文化的规定是菲律宾非遗工作开展的根本原则。

表 1　菲律宾共和国 1987 年《宪法》第十四章 14～18 条具体规定[1]

条目	内容	
第 14 条	国家应在自由艺术和知识表达的氛围中,根据多样性统一的原则,促进菲律宾民族文化的保存、丰富和动态发展。	
第 15 条	艺术和文学应受到国家的赞助。国家保护、弘扬和普及民族的历史文化遗产、资源和艺术创作。	
第 16 条	国家的所有艺术和历史财富构成国家的文化财富,应受国家保护,国家可对其进行管理。	
第 17 条	国家应承认、尊重、保护土著文化社区保存和发展其文化、传统和制度的权利。	
第 18 条	国家应通过教育系统、公共或私人文化实体、奖学金、助学金和其他激励措施以及社区文化中心和其他公共场所确保平等获得文化机会。	国家鼓励和支持对艺术和文化的研究。

建国初期,菲律宾对文化遗产的工作重心主要在物质文化遗产保护方面,对非遗的认识和保护程度并不高。随着国家的建立和发展,人民物质生活水平不断提高,土著民族精神意识逐步提升,知识产权要求愈发强烈,旅游经济窗口连通扩大,菲律宾将非遗的保护工作提上了日程,进而形成了一套较为完善的非遗法律支持体系。

1992 年,菲律宾首次实现和平转移政权,稳定、共和的时代得以到来,为《Manlilikha ng Bayan》和《创建国家文化艺术委员会法案》的颁布营造了政治、经济、文化、社会多位一体的良好环境。《Manlilikha ng Bayan》是由菲律宾参议院和众议院在国会中通过的"承认国家活宝,以及推动传统民间艺术的促进和发展,并为此提供资金"的法案。该法案表彰支持了传统民

作者简介:鲁艾薇,上海师范大学人文学院硕士研究生。

间艺术家，目的是保护和发扬菲律宾本土视觉、表演或文学方面的传统民间艺术的文化价值，并传给下一代菲律宾人。而《创建国家文化艺术委员会法案》是由菲律宾参议院和众议院在国会中通过的"设立国家文化和艺术委员会、建立国家文化和艺术捐赠基金以及其他目的"的法案。在本项法案中，菲律宾正式从官方立场认定了文化和文化遗产的地位，明确了"每个公民都有责任保护菲律宾的历史文化遗产和资源，并应大力开展菲律宾文化和历史文物的检索和保护工作"的任务。[2]

1997年，亚洲遭遇金融危机，菲律宾政府在改变税收政策的同时认识到文化之于国家和社会的作用，进而出台《为承认、保护和促进土著文化族群、土著人民权利及其他有关目标而设立国家土著人民委员会、建立执行机制、划拨资金的法案》（简称《土著人民权利法案》），从祖传领地权利、社会正义人权、文化完整性、文化多样性、设立考古和历史遗址基金等角度以知识产权的形式来保护土著文化、传统和制度，推动传统知识文化资源的保护并进行可行性转化，以打碎经济泡沫，使国家走向更深层次的发展。其中，第六章"文化完整性"对传统文化的保护更是菲律宾非遗工作的助推剂。

2009年，菲律宾遭遇重大暴雨灾害，经济损失、人口损失和文化遗产损失不计其数，政府当局意识到了文化遗产和文化财产保护的重要性，将多年来的尝试性探索整合总结为《国家文化遗产法》，宣布国家的所有艺术和历史财富都是国家的文化财富，国家应在自由艺术和知识表达的氛围中，根据多样性统一的原则，促进菲律宾文化的保存、丰富和动态发展，并授权国家保护、发展、促进和普及国家的历史和文化遗产与资源，以及艺术创作。用体系化的保护方式防御自然、人为等多种可能的侵害。至此，菲律宾非遗的保护工作上升到了一个新的高度，其保护法律体系也得到了前所未有的完善。

二、菲律宾非遗保护法律的主要特征

结合菲律宾的历史背景，通过对1987年《宪法》、《Manlilikha ng Bayan》《创建国家文化艺术委员会法案》、《土著人民权利法案》和《国家文化遗产法》进行梳理分析，可以总结出其非遗保护的以下特征。

1. 搭建主体网络：通过多方主体合作编织保护体系

菲律宾非遗保护体系以总统文化艺术委员会为核心，社区民众、传承群体、商业实体等多方主体配合联动而成。总统文化艺术委员会是菲律宾管理传统艺术文化的重要机构，由编织、木雕、刺绣、舞蹈、器乐、戏剧等各类传统民间艺术类别中提名的专家组成。《创建国家文化艺术委员会法案》赋予总统文化艺术委员会行政协调、财政拨款、制定战略、筹集资源、管理基金、颁设奖章、规范活动等权利，通过建立各级传统艺术中心系统，培训、鼓励、资助非遗研究，保障文化社区和文化人民的权利不被侵犯等方式，辅助配合非遗的保护工作，对菲律宾传统文化艺术进行更深层次的宣传推广，主要负责设计、监督和评估传统艺术传承计划，以确保传统艺术技能的传承质量；开展信息传播计划，旨在扩大社区对传统艺术文化认识的同时向民众灌输自豪感；与贸易和工业部、科学技术部和旅游部协调合作，既保护传承者的知识产权，又为其谋取物质利益。[3]

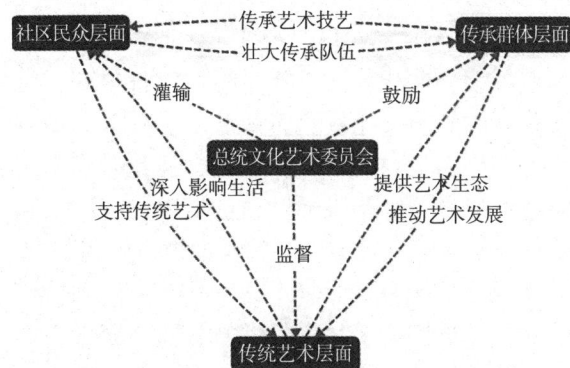

图1　菲律宾共和国传统艺术主体关系示意

同时，《国家文化遗产法》针对非遗保护工作中的地方政府权责进行了规范，"地方政府单位应记录传统和当代艺术和手工艺，包括其过程和制作者，并维持其原材料来源。地方政府单位应鼓励和维持传统艺术和手工艺，将其作为社区积极可行的收入来源"[4]。在委员会、贸易和工业部、旅游部和其他政府机构的协调统筹下，使非遗具有可行性市场，以鼓励社区、个人对非遗进行自觉保护和传承，维持了非遗的独特性和价值性。

法律法规 Laws & Regulations

2. 扎根民族生态：注重土著的传统历史和文化权利

联合国教科文组织将非遗定义为"社区、团体和个人承认为其文化遗产一部分的实践、表现形式、知识和技能，以及与之相关的工具、物品和人工制品"[5]。在菲律宾，非遗的掌握者、继承者和传承者大多为传统民族土著。为此，菲律宾不仅专门出台了《土著人民权利法案》，用以保护土著人民的文化、风俗、科技等遗产，同时还设置了相关条例对此进行补充。

《土著人民权利法案》从保护土著文化传统和制度、建立完善土著教育系统、承认土著文化多样性、保护土著社区知识产权、维护宗教文化场所和仪式的权利、享有本土知识体系和实践以发展土著的科技权利等方面进行详细规定，突出了菲律宾民族土著的文化权利。在各种形式的教育、宣传和交流中反映菲律宾土著社区的文化、传统、历史和愿望。充分尊重土著社区的文化多样性，积极保护土著过去、现在和未来的文化表现形式，采取特别措施控制、发展和保护包括人类和其他遗传资源、传统医药、口头传统、文学、设计、视觉和表演艺术等科学、技术和文化。[6]

此外，《国家文化遗产法》对菲律宾本土的风俗习惯和文化仪式进行了维护，将土著人民和民族的传统文化权利提升至了新高度。"地方政府单位应记录和维护所有社会文化习俗，例如但不限于传统庆祝活动、历史战役、风俗娱乐、战争重演和地方独有的其他地方习俗"[7]。该条例将原来的土著人民权利从语言、文字、绘画、音乐扩展至文化习俗的范围，深化了非遗的保护工作。

3. 支持保障系统：鼓励推动非遗的传承

菲律宾主要通过授予奖励和教育推广的形式来搭建非遗的支持保障系统。首先，菲律宾对非遗传承者进行奖励和支持以调动其传承的积极性。《Manlilikha ng Bayan》中详细规定了总统文化艺术委员会对非遗传承群体的奖励。这些奖励既有奖章、奖金等物质支持，也有对专项传统文化的调查记录和资源转化。通过将艺术过程和艺术成品进行记录分类，推动传统艺术与现代产业的协调合作，使艺术文化融入社会生活中，提升传统艺术文化在民众心中的认同感，令传统艺术文化内化成为民族精神，让民族自豪感由心而生。

其次，菲律宾对非遗教育的重视和推广保障了传承的效果。菲律宾1987年《宪法》第十四章第18条中规定"国家应通过教育系统、公共或私人文化实体、奖学金、助学金和其他激励措施以及社区文化中心和其他公共场所确保平等获得文化机会"且"国家鼓励和支持对艺术和文化的研究和研究"。[8]同时，传统艺术文化传承者被视为连接过去和未来的重要纽带，是在菲律宾传统民间艺术土壤上开垦、培育的重要角色。因此，菲律宾规定了传统文化传承者"通过学徒制和其他被认为有效的培训方法，将传统民间艺术技能传授给年轻一代""配合实施机关推广、传播其传统民间艺术""向国家博物馆捐赠作品样本或副本"三项责任要求。明确的职责规定为保护和发扬菲律宾传统民间艺术的文化价值并传给下一代菲律宾人的目标提供了保障。此外，《土著人民权利法案》第30条规定"国家应通过教育系统、公共或私人文化实体、奖学金、赠款和其他奖励措施，为国际社区、知识分子提供平等获得各种文化机会的机会，以适合其文化教学方法的方式以本国语言提供教育"[9]。综上，菲律宾从传承者层面和学习者层面进行双重支持，为非遗保护建立了坚实的保障系统。

4. 构建信息档案：提升数据存库以及遗产保护意识

为了保护和弘扬非遗，菲律宾在构建传统历史信息档案，提升文学艺术保护研究意识，增强民族文化精神方面做出了明确的法律规定。目前，菲律宾将非遗视为国家的文化活宝，通过提升对其本土文化宝藏的认识程度和重视程度，为非遗的检索和保护工作打下了坚实的基础。在此前提下，菲律宾明确了非遗的保护要求，鼓励支持研究、承认和保护濒危人类文化资源，并为濒临灭绝的艺术、语言、文化构建信息档案。例如，《创建国家文化艺术委员会法案》中明确指出"鼓励和支持在全国建立、维护私人或公共博物馆、图书馆、档案馆，分别作为所有文化历史文物和艺术创作、印刷作品、档案记录和所有其他不可或缺材料的存放处，以供菲律宾文化和历史的研究和评价"[10]。该项条例推动了菲律宾建立非遗档案信息库的进程，提升了文化艺术保存和维护的意识。而在非遗信息数据库的构建过程中，菲律宾强调对文化传统、艺术和手工艺以及重要的文化运动、成就和人物在文学、视觉、表演艺术等方面进行学术研究和记录，突出了菲律宾非遗中文学、视觉和表演艺术的地位，对非遗的记录和研究提出了更高的标准。与此同时，时代的发展和技术的演变为菲律宾传统文化的保存和表现注入了创新元素，开辟了文字与视听相结合的系统化信息储存以及检索方式，构建了数字化和媒体化的非遗保护模式。总结下来，菲律宾通过明确的意义、清晰的要求、较高的标准和创新的手段构建了一座系统的传统文化信息档案库，为非遗的传承和研究提供了强大的信息支撑。

三、思考菲律宾非遗保护法律的启示

在菲律宾这块并不算广阔的土地上，孕育了众多具有菲律宾传统特色的非遗。如今，伊富高人的颂歌、拉瑙湖马拉瑙人的达朗根史诗、牵引仪式和游戏都被列入人类非遗代表作名录中，可见菲律宾在非遗保护方面取得了重大成效。通过分析菲律宾的非遗保护法律，我们可以吸收其中的先进经验，推动多方主体合作编织非遗保护体系，强化各主体间的责任意识，统筹联合将非遗保护工作常态化；注重保护非遗的产生地以及实践者，重视人民群众的力量，将传统历史、地理条件和人文风俗结合在一起，用系统化的思维为非遗构建良好的生态环境；建立完备的人才培育系统，在保障传承者的知识产权和文化权益的同时，出台学习者的学习效果、宣传渠道、物质支持等鼓励政策；建立并完善非遗信息集合，融合数字科技手段，提升数据档案平台的计算能力和储存能力，增强非遗活态传承能力，为非遗的研究和传承提供坚实的支撑；强调对非遗主体的支持，突出传统文化、传统技艺拥有者及所在地的文化权利保护，发挥知识产权的激励和约束功能；明晰非遗保护、开发工作的程序，各部门统筹协调、责任到人；普及民众对国家历史的了解，深化社会对传统文化的认同，提升国家对民族精神的追求，让非遗切实成为民众生活中认同、需

要且自豪的一部分。◈

参考文献：

[1][8] 最高法院电子图书馆.1987 CONSTITUTION[EB/OL].https://elibrary.judiciary.gov.ph/thebookshelf/showdocs/3/353, 1987.

[2][10] 最高法院电子图书馆.REPUBLIC ACT NO. 7356-AN ACT CREATING THE NATIONAL COMMISSION FOR CULTURE AND THE ARTS, ESTABLISHING A NATIONAL ENDOWMENT FUND FOR CULTURE AND THE ARTS[EB/OL].https://elibrary.judiciary.gov.ph/thebookshelf/showdocs/2/3186, 1992.

[3] 最高法院电子图书馆.REPUBLIC ACT NO. 7355-AN ACT PROVIDING FOR THE RECOGNITION OF NATIONAL LIVING TREASURES, OTHERWISE KNOWN AS THE MANLILIKHA NG BAYAN, AND THE PROMOTION AND DEVELOPMENT OF TRADITIONAL FOLK ARTS, PROVIDING FUNDS THEREFOR[EB/OL].https://elibrary.judiciary.gov.ph/thebookshelf/showdocs/2/6916, 1992.

[4][7][9] 最高法院电子图书馆.REPUBLIC ACT NO. 10066-AN ACT PROVIDING FOR THE PROTECTION AND CONSERVATION OF THE NATIONAL CULTURAL HERITAGE, STRENGTHENING THE NATIONAL COMMISSION FOR CULTURE AND THE ARTS（NCCA）AND ITS AFFILIATED CULTURAL AGENCIES[EB/OL].https://elibrary.judiciary.gov.ph/thebookshelf/showdocs/2/19278, 2009.

[5] 教科文组织非物质文化遗产门户网站.Intangible Heritage Home[EB/OL].https://ich.unesco.org/en/home#.

[6] 最高法院电子图书馆.REPUBLIC ACT NO. 8371-AN ACT TO RECOGNIZE, PROTECT AND PROMOTE THE RIGHTS OF INDIGENOUS CULTURAL COMMUNITIES/INDIGENOUS PEOPLES, CREATING A NATIONAL COMMISSION ON INDIGENOUS PEOPLES, ESTABLISHING IMPLEMENTING MECHANISMS, APPROPRIATING FUNDS THEREFOR[EB/OL].https://elibrary.judiciary.gov.ph/thebookshelf/showdocs/2/2562https://elibrary.judiciary.gov.ph/thebookshelf/showdocs/2/2562, 1997.

中国工艺美术非遗品牌发展调研报告

王丹谊

摘　要： 报告通过问卷调研、数据分析、典型案例研究，描述了中国工艺美术非遗品牌的发展现状，基于品牌价值金字塔的品牌认知、品牌内涵、品牌口碑、品牌共鸣四个阶段，揭示了工美非遗品牌面临的挑战和机遇，结合主要研究发现提出相应的应对措施和发展建议。报告为政策制定者提供了参考，也为工美非遗企业品牌发展提供了有价值的实践指南。

关键词： 工艺美术；非物质文化遗产；品牌

2021 年，文化和旅游部发布的《"十四五"文化产业发展规划》中明确提出"工艺美术业要坚持保护传承与创新发展相结合，加强传统工艺美术技艺发掘和保护，推动工艺美术产品特色化、个性化、品牌化发展……"中国工艺美术发展正处于传统文化复兴和新国潮品牌崛起的时代浪潮中，相关政策的出台为工艺美术的未来指明方向，机遇与挑战并存，突破瓶颈，企业品牌焕新与发展势在必行。

2022 年，在中国工艺美术学会支持下，中国工艺美术学会非物质文化遗产工作委员会研究团队、鼎欣文化科技（北京）有限责任公司、传 PLUS、DF&P 道佐夫企业咨询（上海）有限公司建立联合课题组，运用问卷调研、数据分析、案例研究等方法，从现状梳理、面临挑战、举措与建议等方面对中国工艺美术非遗品牌展开深度研究，探索工美非遗品牌价值评估体系构建的方法，研究成果希望为工美非遗企业品牌发展提供有益的路径探索。

截至 2023 年 11 月，课题组从参与调研的工美非遗企业中获得了 201 份问卷，实际有效问卷 181 份，覆盖北京、上海、广东、云南、浙江、台湾等 23 个省市自治区，涉及陶瓷、金属、刺绣、漆艺、印染、雕刻等 22 个细分领域，基本涵盖传统手工艺非遗（工艺美术类）的各个门类。从企业规模分布情况看，年销售额在 100 万以下的占比为 56%，以传统工艺为主导生产经营的企业仍以个体、家庭式与小规模企业为主要形态存在，其产业增长仍旧面临较大压力。

一、研究背景与研究设计

1. 研究背景

经对工艺美术、传统手工艺、非物质文化遗产、品牌等关键词进行搜索，2018 年至 2022 年，对行业、企业摸底的探索性调研到对策性研究的调研报告相继出炉，尝试从不同角度探讨中国传统手工艺振兴策略。其中与本研究角度密切相关且最具代表性的，一是《中华手工》杂志在 2019 年发布的《中国传统工艺品牌调研报告》[1]，二是清华大学美术学院陈岸瑛教授课题组 2020 年发布的《中国传统工艺品牌发展报告》[2]。

相较于以上两份报告，本课题的研究特色主要集中在三点：深度聚焦工艺美术领域的非遗品牌，更能表现工美非遗品牌的发展现状；基于品牌价值金字塔理论，覆盖包括品牌识别、品牌内涵、品牌口碑、品牌共鸣的品牌建设全阶段；更着眼于通过挖掘工美非遗品牌建设的挑战，寻找突破瓶颈的路径，帮助工美非遗品牌可持续发展。

2. 研究设计

为确保调研数据的客观性与准确性，首先需要对调研对象进行明确的范围界定。设定受访者的主营业务为工艺美术，是拥有政府认可的非遗

基金项目： 本文系 2022 年度中国工艺美术学会科研课题 "中国工艺美术非遗品牌发展调研"（项目编号 CNACS2022-II-003）的阶段性研究成果。

作者简介： 王丹谊，北京联合大学艺术学院副教授，硕士生导师。

传承人，或属于非遗项目保护单位或主营非遗产品。注册属性为企业、个体工商户等，高校、行业协会等不纳入调研范畴；其次，明确了基于Keller品牌价值模型构建的四阶层金字塔结构作为调研问卷框架，以此为参照为企业提供一种有效的品牌管理工具，指导企业进行品牌战略规划，明确品牌建设的重点和方向，使其更好地管理品牌资产和风险。

二、调研数据分析解读

1. 品牌认知——搭建清晰的品牌标识体系，提高潜在用户对品牌的知晓度

在参与调研的181家企业中，有83%的企业认为自己已有自主品牌，86%的企业已经建立了自己的商标/徽标并且注重品牌故事的打造。（详见图1）虽然以大师/手艺人个人品牌或非遗技艺本身作为推广使用称呼的特有模式仍占有一定比例，但基于市场经济逻辑下催生出的企业自主品牌已跃居首位，占比67%，如相伯居、汝山明、宣明典居、寸银匠等，说明企业越来越意识到品牌的力量，并希望将个人品牌价值融入整个企业的形象和品牌建设中，以提升企业的市场竞争力。（详见图2）

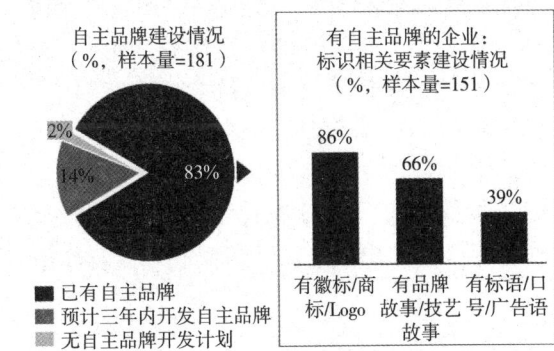

图1　企业自主品牌建设数据分布

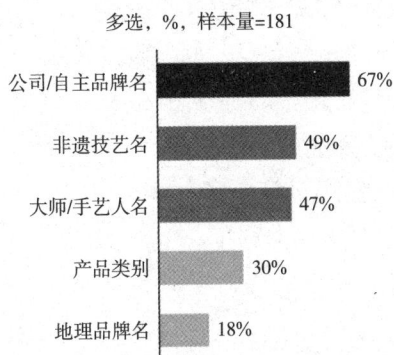

图2　企业品牌推广常用称呼数据分布

在知识产权方面，大多数企业已具备法律意识，但仍有16%的企业还未为品牌标识相关要素申请商标和/或专利，存在被侵权的风险。面对品牌市场的恶性竞争，16%的企业表示会在市场环境发生重大变化时考虑更新品牌标识相关要素，而对待企业产品被抄袭的风险，企业一方面会利用法律手段维权，一方面试图通过加快新产品研发迭代的方式占有市场，因此，品牌知识产权和市场意识仍有提升空间。国内与非遗、手工艺相关的知识产权力量比较薄弱，知识产权的保护需要整个行业的监管，营造一个良性有序的市场环境是推动工艺美术行业和企业发展的重中之重。

提升品牌知名度需要采取多种措施，从企业反馈数据来看，传统传播渠道并非工美非遗企业提升品牌知名度的主流手段，自媒体虽已成为诸多行业的主流传播渠道，但工美非遗企业当前的运用率并不像想象的那么高。即便是2020年以来受到疫情影响，倒逼传统手工艺非遗企业试水线上营销，在"两微一抖一书"等自媒体平台上虽然加大了推广力度，但是因缺乏对大众辨别力的引导，平台的鱼龙混杂和对运营模式的不熟悉、政府缺乏有效的扶持等原因，各非遗企业均遇到不同程度的瓶颈。不过我们也欣喜地看到一些工美非遗品牌利用自媒体形式，不仅提供有形产品也提供手工艺体验服务和手工艺教育培训，如壹秋堂夏布、唐人坊，对维持品牌的忠诚度和提升知名度起到重要的推动作用。根据消费趋势打造新产品已成为焕发品牌活力的主要方式之一，如南京云锦研究所打造的"踏浪麒麟"主题国朝帽T组合，通过技术创新，打造符合年轻人及现代审美观的产品设计。而受益于中国政府制定的"文化走出去"一系列政策，非遗的国际化关注度日益增长，参与专访报道和国内外展览展会的机会增多，如今年10月份首届北京国际非遗周的举办，搭建了非遗国际交流与品牌推广合作的重要平台。总结来看，在诸多举措中，产品创新、专访展览成为当前品牌知名度的主要焕活源泉。（详见图3）

2. 品牌内涵——充分挖掘产品和品牌特征，创造有特色的品牌内涵

品牌内涵包含品牌的内在文化形象，以及产

多选，%，样本量=181

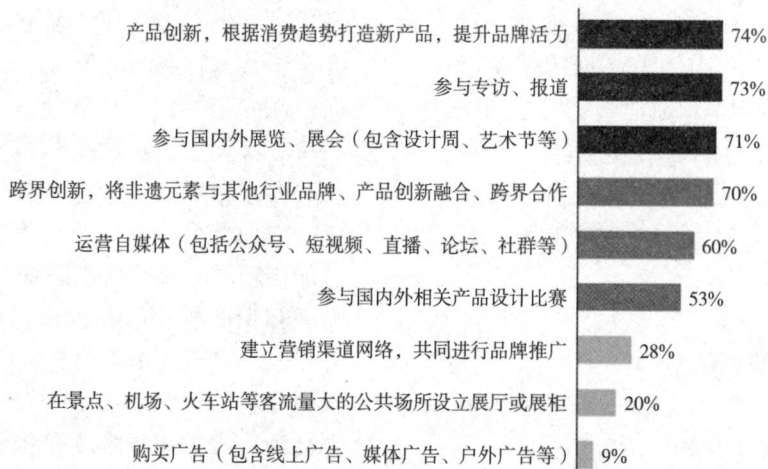

产品创新，根据消费趋势打造新产品，提升品牌活力　74%
参与专访、报道　73%
参与国内外展览、展会（包含设计周、艺术节等）　71%
跨界创新，将非遗元素与其他行业品牌、产品创新融合、跨界合作　70%
运营自媒体（包括公众号、短视频、直播、论坛、社群等）　60%
参与国内外相关产品设计比赛　53%
建立营销渠道网络，共同进行品牌推广　28%
在景点、机场、火车站等客流量大的公共场所设立展厅或展柜　20%
购买广告（包含线上广告、媒体广告、户外广告等）　9%

图3　工美非遗企业已用的提升品牌知名度的举措数值分布

品和服务的差异化特色。结合问卷和实地走访，多数企业认为自己所属细分领域的市场竞争比较激烈，由此对差异化的品牌定位和产品打造尤为重视。数据表明，超过90%的企业在持续打造新产品和新品类。（详见图4）新产品、新品类的开发会受到外部和内部环境动因影响，外部动因集中在现有产品市场的竞争环境和遇到的瓶颈问题，也会因外部合作机会而满足合作方需求来开发新产品。例如大道造物作为原创设计艺术品牌，与凯宾斯基日出东方酒店合作，共同呈现怡景珐琅艺术餐厅，其开发的珐琅系列餐具体现"见人见物见生活"的非遗生活美学应用，很好地诠释其品牌内涵的独特性。内部主观动因方面，满足老客户的新需求以进行品牌延伸，以及拓展新客户成为调研中企业

最关注的两点。很明显这是站在商业思维的角度，为了保持竞争力和市场份额，企业需要密切关注市场趋势和客户需求的变化，并采取相应的战略来应对这些挑战，帮助企业在竞争激烈的市场中保持领先地位并实现持续增长。

众所周知，技艺／大师／地理品牌名是工美非遗较为特有的品牌称呼方式，强调技艺特色，有助于构建丰富的历史故事，从而吸引更多消费者参与品牌的文化体验。从连接品牌内涵，讲好品牌故事的典型案例中，以蓝印花布为代表的元新蓝品牌，以传统之韵延续蓝印花布当代之美，四代人的传承创新、匠人气质贯穿元新蓝整体的品牌故事主线，成就了手艺人与工艺品之间的美好关系，同时与消费者建立了情感联系，对提升品牌忠诚度和认同感起到助益作用。

93%企业在持续
探索开拓新品类

96%企业在持续
打造新产品

宣传品牌和产品时，认为传递各类信息的重要性
（选择"非常重要"的比例，多选，%，样本量 = 181）

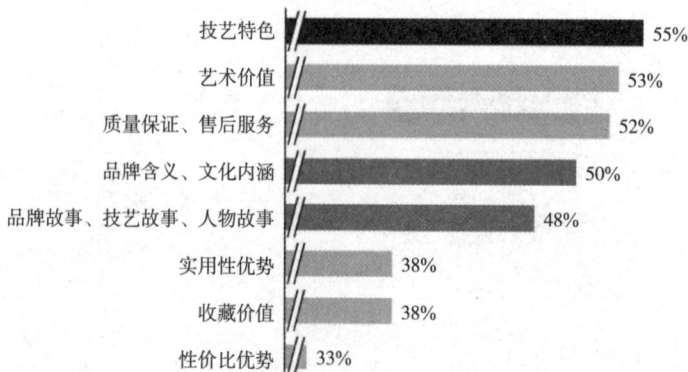

技艺特色　55%
艺术价值　53%
质量保证、售后服务　52%
品牌含义、文化内涵　50%
品牌故事、技艺故事、人物故事　48%
实用性优势　38%
收藏价值　38%
性价比优势　33%

图4　工美非遗企业进行品牌和产品宣传的信息内容数值分布

针对工美非遗企业打造特色品牌所持有挑战的重点项分析，手工艺传统与现代化大规模生产之间的冲突常会体现在内部运营理念冲突，创新计划难落地，在这种情况下，孵化新品牌可以作为潜在的应对措施之一。原有品牌可能会因为引入大规模生产而失去独特性和个性化，导致品牌认知度下降，孵化新品牌可以确定新的定位和目标受众，在生产方式和管理模式上也会有所革新，最终目的是实现手工艺传承与现代化大规模生产的有机融合；面对同类产品抄袭严重，被仿冒产品质量低劣，影响品牌口碑且降低了企业持续创新积极性的挑战，需要企业运用专利商标保护独特创意，确保品牌创新不受侵害，同时提升品牌综合能力，强调非价格的品牌/产品竞争力，持续推陈出新，降低单个产品被抄袭风险，通过差异化提升仿冒门槛。

3. 品牌口碑——引导正面品牌反应，促进消费者积极的品牌感知

调研数据显示，企业面对的 C 端客户群占比 90%，其中仅有 69% 的企业会主动收集客户评价，有 48% 的客户关注聚焦点主要是对产品/服务质量的评价。（详见图 5）从实地走访了解到，有不少企业越来越重视潜在市场机遇，通过关注客户需求和使用场景推荐合适的现有产品，或寻找新产品的潜在开发。例如平遥漆器，针对高收入者或藏家，采取注重传统漆器工艺与现代审美结合的"原创层"产品开发战略为主，面对旅游市场端的大众游客，则以"重生层"为定位设计符合时代主流的漆器产品。以开发更"接地气"的多元化产品序列满足消费者挑剔的审美与需求，促进消费者积极的品牌感知与回应，获得良好的经济效益。

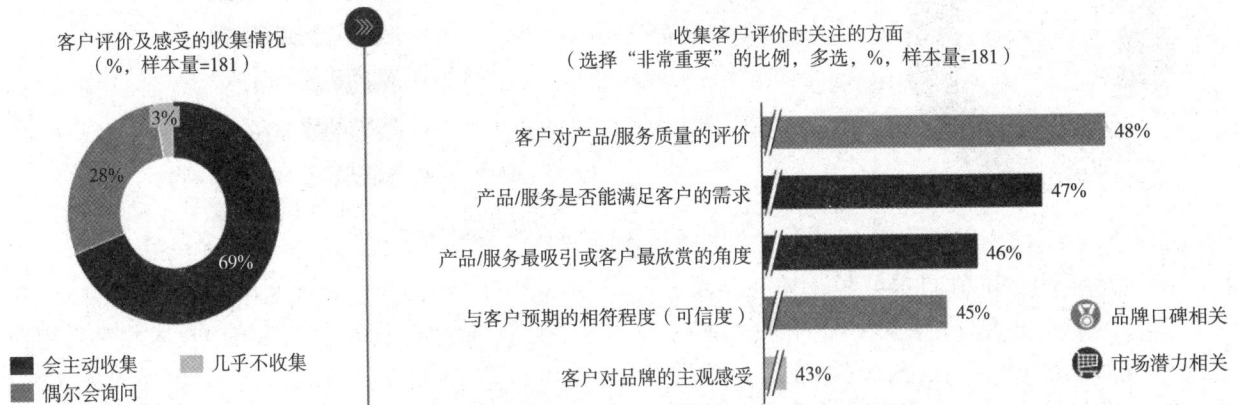

客户评价及感受的收集情况
（%，样本量=181）

3%
28%
69%

■ 会主动收集　　□ 几乎不收集
■ 偶尔会询问

收集客户评价时关注的方面
（选择"非常重要"的比例，多选，%，样本量=181）

客户对产品/服务质量的评价　48%
产品/服务是否能满足客户的需求　47%
产品/服务最吸引或客户最欣赏的角度　46%
与客户预期的相符程度（可信度）　45%
客户对品牌的主观感受　43%

◉ 品牌口碑相关
▦ 市场潜力相关

图 5　工美非遗企业在收集客户评价时关注内容的数据结果

品牌印象是企业在市场竞争中的重要资源，能够帮助企业建立良好的口碑和信誉，工美非遗企业在改善消费者对品牌印象方面依然存在不少的挑战。针对提取的典型表现"受技艺、成本限制，客户的反馈难处理优化"，通常做法可以考虑在产品说明和宣传中明确技艺限制，如雕漆和注漆产品在市场中很难被大众识别，需要建立透明沟通，让客户对产品特性有清晰的期望，再有就是优化技艺和成本，通过不断改进产品质量提高客户满意度。针对"人员缺乏相关培训，不知如何有效收集客户反馈"的挑战，也可尝试参与相关培训，建立多渠道客户评价反馈平台，设立客户评价反馈的激励计划，定期召开会议，讨论客户评价结果，分享解决方案和最佳实践等应对措施。（详见图 6）

4. 品牌共鸣——建立和消费者的共鸣，提升消费者对品牌的忠诚度

建立与消费者的共鸣，维护客户关系对于增强品牌忠诚度、提高客户满意度、促进口碑传播、提升企业形象起到积极的推动作用。数据表明，86% 的企业有维护客户关系的举措，其中 95% 的客户关系维护主要停留在建立联系方式为主，68% 的企业会组织如展会、工艺体验等线下活动，66% 的企业会引导客户关注品牌自媒体，定期推送品牌动态。由此看来，企业和客户双向沟通交流手段的运用率显著偏低。（详见图 7）

就工美非遗企业在维护客户关系时所面临的挑战，多数企业表示，缺少维护客户的精力是问题之一，对此可以尝试将客户分为不同层

%，样本量=181

本阶段特有挑战

Ⓐ 受技艺、成本等限制，客户的反馈难处理优化

Ⓑ 人员缺乏相关培训，不知如何有效收集客户反馈

潜在的客户反馈量可能比较大，会难以分析处理

缺乏相应经费支持

缺乏品牌专业人员/机构的服务

人员缺乏相关意识

非常不符合到不符合　　符合　　比较符合　　非常符合

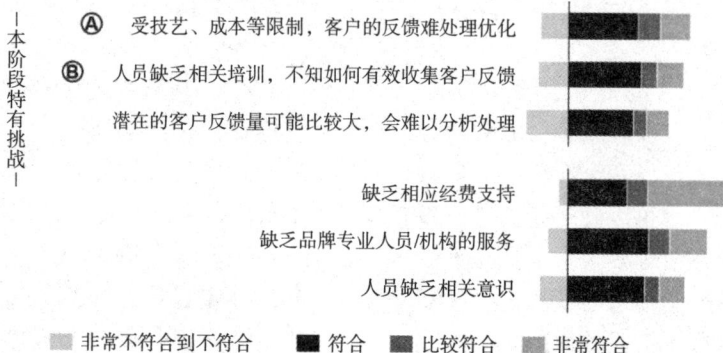

图6　工美非遗企业面对改善消费者对品牌印象挑战的数据结果

有维护客户关系举措的企业比例
（%，样本量=181）

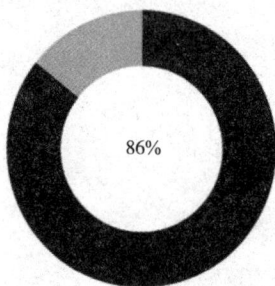

86%

维护客户关系的具体措施
（多选，%，样本量=155）

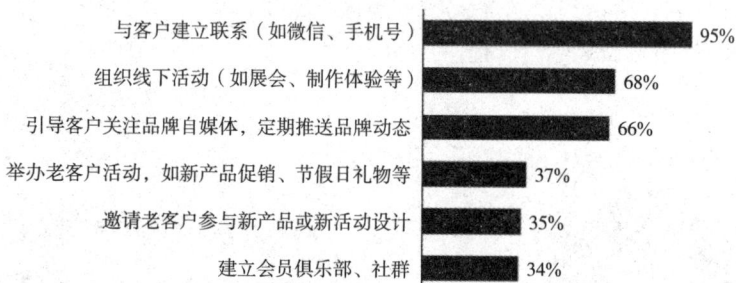

与客户建立联系（如微信、手机号）　95%

组织线下活动（如展会、制作体验等）　68%

引导客户关注品牌自媒体，定期推送品牌动态　66%

举办老客户活动，如新产品促销、节假日礼物等　37%

邀请老客户参与新产品或新活动设计　35%

建立会员俱乐部、社群　34%

图7　工美非遗企业维护客户关系采取措施的数据分布

次，根据重要性和价值制定差异化服务策略，集中精力维护关键客户，建立客户关系管理系统进行自动化常规维护任务，例如节庆发送问候、赠送新品伴手礼、提醒重要事件等以提高维护效率。针对企业遇到的由于客户地区和文化背景差异，造成难统一组织的挑战，企业的做法会根据当地文化属性尝试组织线上活动，个性化定制产品，通过数字化手段跨越地域障碍，提高客户参与度。

三、主要研究发现与潜在举措
（一）主要研究发现

1. 品牌建设对工美非遗企业发展的重要性毋庸置疑

在被调研的所有企业中，几乎所有工美非遗企业都认为建设品牌是重要的，而紧迫度因司而异。紧迫度的高低与品牌意识、行业特点、企业规模、市场环境息息相关，同时，传承人及团队对于品牌建设的理解与重视程度也是重要的因素。

对于品牌建设规划，半数以上企业会安排专门负责品牌建设管理的相关人员。以2022年为例，企业在品牌建设发展中投入相关费用在10万以内的占比42%，10~100万占比30%。79%的费用投入在设计研发上，推广宣传占比63%、维护管理占比52%、扩张拓展占比58%、市场研究占比44%。品牌建设是一个复杂而重要的过程，需要专业的知识和技能来制定和执行有效的策略，包括品牌战略计划、品牌形象设计、市场调研分析，营销策略制定以及市场监督和评估等。在针对性案例调研中，依据企业规模大小程度差异，如朱炳仁铜、北京工美集团这样的规模化企业会设立市场部（品牌运营）由专人管理，针对小微企业或品牌建设初创阶段，更多是传承人直接参与管理，比如，由第三代传承人郎佳子或作为北京面人郎品牌的新掌门人，在进行品牌重塑、提升品牌效应上，通过跨品牌策划如家族面人艺术展览等进行品牌激活和推广。可以说作为生产端的工艺美术非遗企业在品牌建设方面不断自我更新，与市场进行链接的主动性逐渐增强。

2. 工美非遗企业正积极创新并已完成初步品牌建设，且优化空间大

数据表明，61%的企业发展目标是进一步打造知名品牌，其中46%的企业预期在3~5年后实现该发展目标，逾半数企业表示未来将投入更多费用用于品牌建设，呈现良好的上升态势。（详见图8）

从Keller品牌价值金字塔得出的数据分析：多数企业已拥有自主品牌并拥有品牌徽标等标识相关要素，品牌知识产权和市场意识有提升空间；超90%企业在持续打造新产品和新品类，技艺特色是宣传时强调最多的信息，而品牌文化内涵、品牌故事相关信息传递仍需强化，寻找差异化定位，打造特色品牌内涵对不少企业仍旧是个挑战；企业除了关注客户对产品/服务的评价，会主动关注潜在市场机会，深度了解客户产生共鸣与挑战。

3. 如何克服各阶段主要执行挑战将成为核心议题

基于品牌的四个阶梯列出不同阶段的特有挑战和各阶段的共通挑战，受访企业表示人员意识欠缺对于品牌基础建设并非主要挑战，缺乏品牌建设经费，缺少更高性价比的解决方案是各阶段的核心问题。（详见图9）

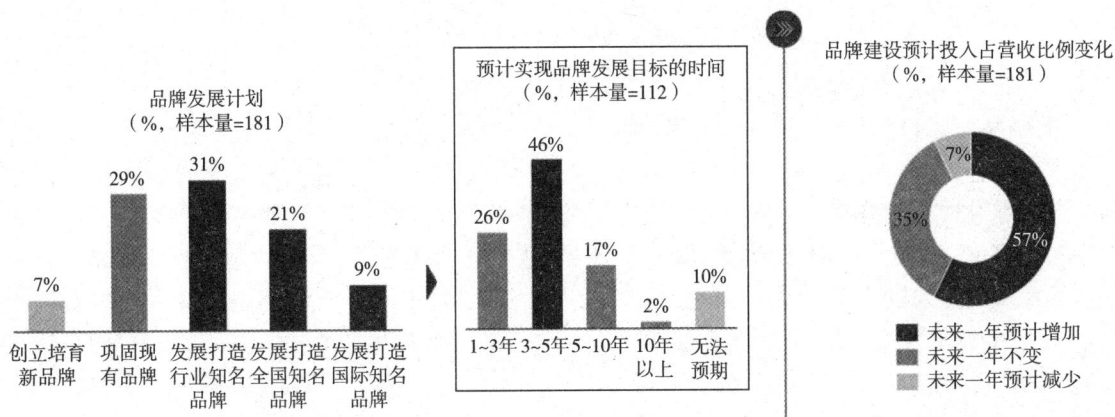

图8　工美非遗企业打造品牌计划的数据分布

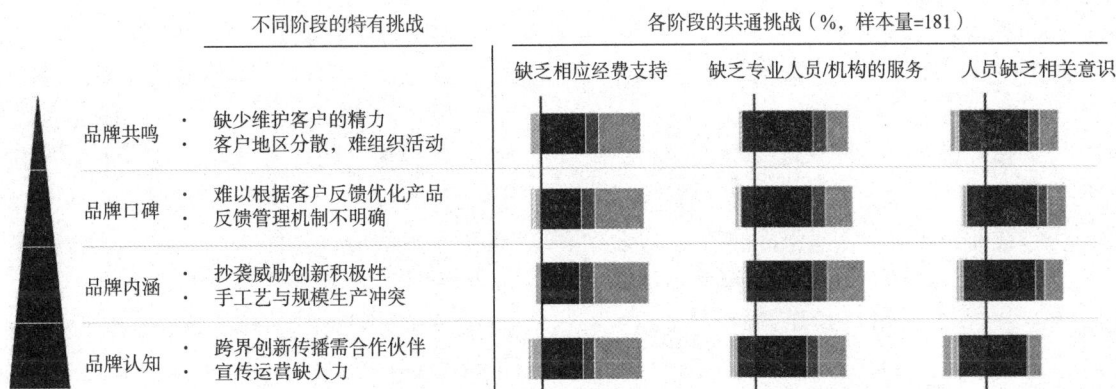

图9　基于Keller品牌价值金字塔工美非遗企业的特有挑战和共通挑战

（二）举措与建议

工美非遗品牌建设正面临着各阶段的种种瓶颈和挑战、外部宏观环境和消费者行为习惯快速变化，通过内外并举，打造工美非遗品牌发展生态圈，以提升工美非遗品牌综合能力，助力品牌焕新与发展。（详见图10）

首先，从意识提升及能力构建方面促使企业加快内部成长的速度。意识提升方面，面对市场的激烈竞争，认识品牌建设的重要性十分关键，在传承百年技艺的同时，着眼百年品牌的打造，将是工美非遗企业在市场中长期立足的关键。能力构建方面，需要企业掌握品牌建设各环节/阶段的意义和核心任务，了解常见品牌建设挑战和应对方法，通过同行业交流学习、

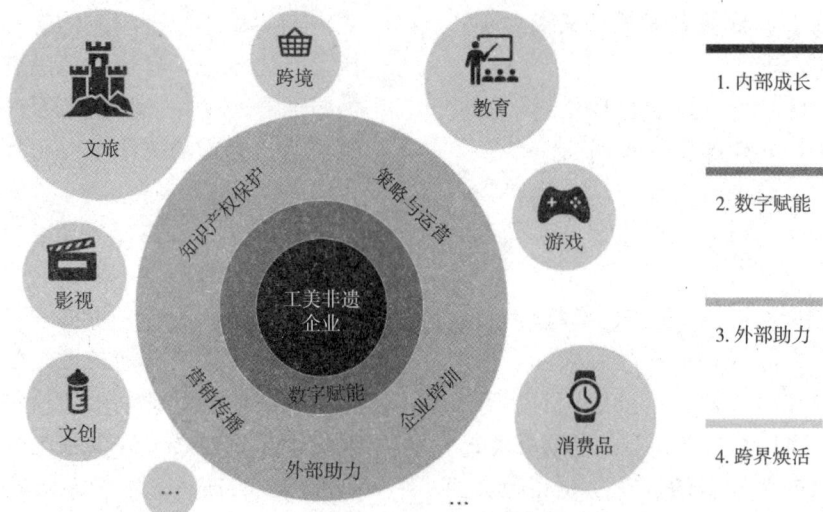

图 10　工美非遗企业品牌建设的潜在举措

市场调研、客户反馈，灵活调整品牌策略和运营实践，优化品牌建设实践，保持品牌在市场中的敏锐度和竞争力。

其次，数字化赋能品牌建设，将会为工美非遗企业带来新动能。企业可以利用搜索引擎优化和营销提高品牌的曝光度，增强潜在用户的品牌认知；通过数字技术比如 VR/AR、数字藏品提供沉浸式体验，展示工美非遗产品的独特特征，加深品牌内涵的理解；利用社交媒体平台进行情感化营销，通过故事、视频等形式传递品牌文化，与消费者建立情感连接。运用数据分析，了解消费者喜好和行为，精准定位产品特色，打造有深度的品牌内涵，个性化定制营销策略，提高品牌与消费者之间的情感共鸣。

第三，通过外部助力，推动品牌建设走向高质量发展。外部机构可通过提供定制化的方案、服务、课程，帮助企业应对千人千面的品牌发展挑战，突破品牌发展瓶颈，确保品牌更具竞争力。如普及知识产权，提供侵权防范应对策略，保护工美非遗品牌和产品的知识产权得到有效保护；协助进行全流程调研，提供定制化策略建议与运营落地服务，解决品牌发展的特定挑战；通过企业培训，提供品牌建设课程或继续教育项目，培养企业内部品牌管理人才。

最后，实施"非遗 +"的跨界焕活策略，突破品牌发展瓶颈。"非遗 +"的多业态融合方式，旨在通过创新手段，激活并传承宝贵的非物质文化遗产，推动工美非遗产业的可持续发展，从资源优势利用和合作发展潜能双重层面考虑：

与文旅结合，将特色非遗技艺融入旅游空间，丰富旅游产品，带动文化消费；与教育结合，将非遗进一步融入现代教育体系，在促进非遗代际传承的基础上形成设计创新；与文创结合，将非遗技艺融入现代时尚生活，推出"好看、好玩、好用"的当代国潮产品。同时，在游戏、影视、跨境等方面也可为其拓展发展路径。例如，通过数字技术和现代传播手段，将非遗概念打造成视听结合的非遗影像，创建新的体验场景，推动非遗的活态传承和当代衍生，同时可利用数字化平台，让传统工艺美术非遗迈入一个新赛道，形成多领域的共建共创。

通过本次对中国工艺美术非遗品牌发展的调研，可以看到中国工美非遗品牌的独特魅力和巨大潜力，同时也面临创新、市场等方面的挑战和问题。课题组在现有研究基础上将继续研究品牌价值评估体系的构建，现已依照品牌价值评估国家标准的五类基本要素，结合相近行业评价体系进行修缮，确定工美非遗品牌价值评估指标构想，设计完成一级到三级指标，后经实践测评投入应用，希望为政府决策和企业品牌规划提供依据。❖

参考文献：

[1]孙凝异，郑钰潇.中国传统工艺品牌调研报告[J].中华手工，2019(6).

[2]陈岸瑛，高登科.中国传统工艺品牌发展报告[J].美术大观，2022(7).

建构具有中国特色的文化遗产保护体系

——第八届中国成都国际非遗节非遗论坛综述

王福州

2023 年 10 月适逢《保护非物质文化遗产公约》（以下简称《公约》）通过 20 周年。为进一步提高对保护活态遗产重要性的认识，第八届中国成都国际非物质文化遗产节非遗成都论坛，以"《保护非物质文化遗产公约》20 周年非物质文化遗产保护实践回顾与探索"为主题展开研讨，达到了预期效果。本届论坛是庆祝《公约》通过 20 周年的活动之一，由中国非物质文化遗产保护中心、联合国教科文组织亚太地区非物质文化遗产国际培训中心、四川省文化和旅游厅和成都市人民政府共同主办，并得到成都市文化广电旅游局和四川省非物质文化遗产保护中心的大力支持。来自联合国教科文组织及相关机构代表、驻蓉驻渝领馆代表，亚太地区和国内的专家学者，以及各省（自治区、直辖市）文化和旅游部门及非物质文化遗产保护中心代表，共两百余人参加论坛。同时，配合论坛主题还举办了"非遗采集著录标准解读与应用"与"黄河文化与国家文化公园建设"两个分论坛。

成都市副市长陈志勇、四川省文化和旅游厅副厅长宋秋及联合国教科文组织东亚多部门地区办事处代表夏泽翰先后致辞，祝贺论坛的召开。文化和旅游部非物质文化遗产司司长王晨阳发表了主旨演讲，全面介绍了中国政府履行《公约》的相关情况、取得的成效以及获得的经验。联合国教科文组织非物质文化遗产处原处长爱川纪子，北京师范大学人文和社会科学高等研究院非遗研究与发展中心教授高丙中，中国人民大学法学院教授、文化遗产法研究所所长、联合国教科文组织"文化遗产法教席"主持人王云霞，中国社会科学院文学所研究员户晓辉，晋中学院文化产业系教授钱永平，联合国教科文组织东亚多部门地区办事处的文化事务官员杨碧幸博士等来自国内外的专家学者，从《公约》20 年发展历程、非遗保护的国家实践、文化权利保护、从保护世界遗产到保护非物质文化遗产的框架发展、公约精神对完善我国立法启示、活态遗产保护的国际经验等角度展开学术研讨，并分享国际社会在文化遗产保护领域的优秀案例。中国艺术研究院副院长、中国非物质文化遗产保护中心主任、教授王福州主持论坛并做总结发言。

《公约》作为一个实践意涵丰富、开放包容的文本，积极回应时代和人类需要，建设性地包容了个人、社区、地方社会、国家、区域和人类命运共同体的共生关系，创造性地将文化多样性和可持续发展作为解决人类问题的议题工具，不仅为国际社会的共同行动提供了指引，也为缔约国的国家建设和国际参与提供了广阔的实践空间。与会专家一致认为，自 2004 年批准加入《公约》以来，中国的非遗保护一直遵循《公约》的精神与主旨，创造了诸多备受缔约国称赞的中国模式与经验，受到国际社会的瞩目。

我国政府高度重视非遗保护工作，20 年来，非遗由一个舶来概念，不断与中华文化交融互渗，而兴盛于大大小小的文化空间，迅即演变为全民的文化行动。非遗由原初的抢救行动，渐次演化为生产性保护、整体性保护与系统性保护等文化工程，其自身已由单薄的物质载体，经由历史文化的累积、多种因素的综合以及第二次"结合"，马克思主义思想精髓同中华传统

（下转第 21 页）

作者简介：王福州，中国文艺研究院教授，《中国非物质文化遗产》主编。

国家哲社基金重大项目成果让我国非遗保护有了"谱"

李宏利

2023 年岁末,《中国非物质文化遗产项目与资源图谱集》由上海社会科学院出版社正式出版。这一国家哲社基金重大项目的又一扛鼎成果让我国的非遗保护研究与实践有"谱"可寻、有"谱"可依。

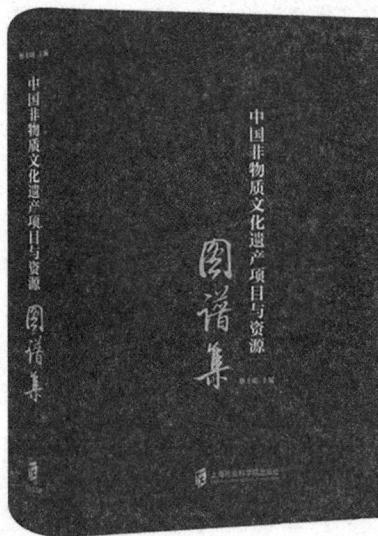

《中国非物质文化遗产项目与资源图谱集》书影

该书分"民间传说""传统节日""手工纺织技艺""民间剪纸"四卷,共计 99 万字,通过历史渊源、内容情节、形态特点、地域分布、传承脉络、功能价值、社会影响等多方面对四种典型的非遗类别进行图谱化编制,从而形成一套具有较强创新性特色的非遗图谱编制样本。主编蔡丰明为上海社会科学院文学研究所研究员、民俗与非物质文化遗产研究中心常务副主任、中国民俗学会理事、上海民间文艺家协会副主席、上海市非物质文化遗产保护工作专家委员会委员,该书是其承担的国家哲学社会科学基金重大项目"我国非物质文化遗产名录体系与资源图谱研究"的一项重要成果,项目自 2013 年启动,至今

已历十载。研究成果的付梓不仅是对蔡丰明研究团队的回报,更是对我国非遗保护领域的一份厚重献礼,可以说,该成果的发布对我国非遗保护工作实践以及理论研究具有重大的指导意义。

众所周知,我国非遗资源极为丰富。截至目前,我国共有各级非遗代表性项目 10 万余项,其中国家级非遗代表性项目 1557 项,各级代表性传承人 9 万余名,同时共有 43 个项目列入联合国教科文组织非遗名录、名册。那些被列入普查统计的非遗资源更是数倍于代表性项目目录数量,面对如此浩如烟海、规模庞大、分布广阔的非遗资源,如何整理归纳? 如何保护? 如何传承? 如何为实现文化强国以及满足人们对美好生活的需要而提供智力支持? 都是摆在非遗研究领域的一项艰巨任务。其中有关非遗资源图谱的编制就是整个非遗资源整理工作中的一个重要组成部分,这也是该项目被列为国家哲社基金重大项目的原因所在。

该书是一项有关中国非遗图谱编制方面的创新性、探索性成果,研究团队通过系统的图谱化手段,包括资料搜集、信息处理、数据统计、图像图形绘制等,对我国蕴藏丰富、门类众多的非遗资源进行整体性的图谱化展示,并在此基础上创造出一套符合我国非遗特点、适应我国非遗整理与保护需要的图谱编制方法体系。其开拓性意义在于:它摆脱了以前非遗研究成果大多偏重于文字叙述或者理论阐释的窠臼,以直观形象、简洁明了的"可视化"方式,系统展现我国非遗资源的内容形式、表现特点、流传分布、生态背景、传承脉络等状况,使人们可以通过快捷方便的浏览方式,在较短的时间内便能对

作者简介:李宏利,上海社会科学院科研处副处长、副研究员。

我国非遗资源的代表性门类有一个较为全面的了解。

目前，我国《国家级非物质文化遗产代表性项目名录》将非遗分为十大类，即民间文学、民间音乐、民间舞蹈、传统戏剧、曲艺、杂技与经济、民间美术、传统手工技艺、传统医药和民俗，所涉项目庞杂繁多。为深入非遗资源图谱研究，研究团队精心选取了民间文学类中的"民间传说"、民俗类中的"传统节日"、传统手工技艺类中的"手工纺织技艺"和民间美术类中的"民间剪纸"为样本，进行数据采集、分析研究、图谱绘制以及文字说明。

研究过程中，除了书籍、论文、研究报告等文献资料外，研究团队曾先后赴江苏、浙江、河北、河南、陕西、辽宁、广西、广东、云南、贵州、海南等十多个省份及三十多个区县开展数据搜集；在数据采集的基础上，团队进行了深入的分析、归纳、提炼等研究工作。例如关于非遗分类，在分析比较国内外不同分类方法的基础上，根据编制非遗资源图谱的需要，设立了八大分类标准及其分类方法，为非遗分类做出了创新性探索。再如通过设立"非遗项目资源一览表"，将某一地区非遗项目与资源的名称、级别、批次、传承人、流传地区、保护单位、组织机构、相关信息等内容按次序分别排列，形成具有高信息量的非遗资源信息集成表，成为非遗图谱制作的重要后台资料库；对所有非遗资源数据及资料库实现图谱化的过程即为图谱绘制。团队充分运用手绘线描等传统图谱、统计分析等现代图谱以及体现信息科学的GIS地学图谱，全景表述非遗资源的总貌，依据非遗资源要素、信息的内在逻辑关系进行排列组合，形成不同的非遗谱系，包括推衍式谱系、空间式谱系、并列式谱系、辐射式谱系、层递式谱系以及交互式谱系等。

览读全书，为之赞叹，真是集资料、研究与实践指导三种价值于一身的鸿篇巨著。就资料价值而言，样本资料信息极其详尽，

不仅包含全国样本项目与资源图谱（类型图、分布图、标识图）、地区样本项目与资源图谱（省、市、州、县），还有样本项目中典型个案图谱（演进图、分布图、标识图、传承谱系图、社会影响图），对我们了解样本项目宏观、中观、微观层面的总体状况以及流布发展具有非常重要的资料价值。就研究价值而言，该书不仅对古代图谱进行了深入细致的分析、归纳，在此基础上又结合现代科学信息技术，对现代图谱做出创新性的阐释与定义，并将大量非遗资源列入现代谱系中，使各种资源之间呈现出诸如承接、递进、变化、交互等多种逻辑关系，这项极具创新性与学科前沿性的研究工作为我国非遗保护与研究提供了新的范式，具有深远的学术影响。就实践指导价值而言，该书不啻为非遗保护实践领域的指导工具书，对全国、各省市县的非遗资源分类、管理、保护、传承以及与旅游的深度融合都有实际指导价值。如通过"浙江省传统节日项目分布图"，可以详细了解该省各地区的传统节日资源，掌握其时间节点与文化取向，打通各地区传统节日资源的屏障，整合全省节日资源，不仅可以探索传统节日保护与传承的新途径，还可以与旅游项目深入融合，指导实际工作。

南宋大家郑樵提倡图谱实学，认为"若欲成天下之事业，未有无图谱而可行于世者"。在中华民族伟大复兴的今天，建立起一个相对完善的非遗资源图谱编制体系是非常重要的，它不但有利于我国非遗保护工作向着更为科学、深入、系统的方向发展，也有利于现代人文科学领域"实学研究精神"的弘扬与倡导。蔡丰明研究员领衔的研究团队十年磨一剑，筚路蓝缕，不忘初心，以中国新时代知识分子的担当，以百倍的信心与勇气投入到我国文化保护的伟大事业之中，其精神当为学界楷模。《中国非物质文化遗产项目与资源图谱集》的出版是我国非遗保护研究领域的一个重要里程碑，必将为我国的非遗保护事业开启新的启示与路径。◈

非遗保护与交叉学科之非遗学

——在天津大学冯骥才文学艺术研究院
"新时代·新学科·新使命非物质文化遗产国际学术论坛"的发言

陶立璠

摘 要：21世纪以降，非遗保护成为中国政府推动传统文化保护的策略，经过将近20年的努力，中国非遗保护进入新的历史时期。和20多年前不同的是，经过一代人的努力，此时的中国，已建立了国家级、省级、市级和县级四级非遗保护体系，先后公布了国家级非遗代表作名录，认定了各类非遗代表性传承人名录，同时确立了国家文化遗产日，颁布了《中华人民共和国非物质文化遗产保护法》。凡此种种，不仅体现着非遗概念的深入人心，而且使非遗保护有了可操作、可持续传承。这一切迫切需要非遗和非遗保护的理论研究和人才培养，交叉学科之非遗学建设，显得非常及时和必要。文章就非遗、非遗保护和新兴的交叉学科非遗学做理论和实践上的探讨。

关键词：非遗；非遗保护；非遗学

21世纪以降，非遗保护成为中国政府推动传统文化保护的策略，经过将近20年的努力，中国非遗保护进入新的历史时期，即学界所谓的后非遗时代。和20多年前不同的是，经过一代人的努力，此时的中国，已建立了国家级、省级、市级和县级四级非遗保护体系，先后公布了国家级非遗代表作名录，认定了各类非遗代表性传承人名录，同时确立了国家文化遗产日，颁布了《中华人民共和国非物质文化遗产保护法》。凡此种种，不仅体现着非遗概念的深入人心，而且使非遗保护有了可操作、可持续的传承。这一切迫切需要非遗保护的理论研究和人才培养，交叉学科之非遗学的建设，显得非常及时和必要。

一、关于非遗

非遗保护是21世纪初出现的新生事物。2003年10月联合国教科文组织第32届大会通过《保护非物质文化遗产公约》（以下简称《公约》）。2004年8月中国全国人大常委会审议批准加入该公约，2006年6月《公约》在中国生效。

就在这一年，中国公布了国家级的第一批非遗代表作名录，共计518项。自此《公约》成为中国非遗保护的重要政策依据文件。

关于非遗，《公约》第二条做了这样的定义：非遗（intangible cultural heritage）指的是"被各群体、团体，有时为个人视为其文化遗产的各种实践、表演、表现形式、知识和技能及其相关的工具、实物、工艺品和文化场所。各个群体和团体随着其所处与自然界的相互关系和历史条件的变化，不断使这种代代相传非物质文化遗产得到创新，同时使他们自己具有一种认同感和历史感，从而促进了文化多样性和人类的创造力"[1]。按照上述定义，"非遗"包括以下方面内容：（1）口头传说和表述，包括作为非物质文化遗产媒介的语言；（2）表演艺术；（3）社会风俗、礼仪、节庆；（4）有关自然界和宇宙相关的知识和实践；（5）传统手工艺技能[2]。按照这一定义，结合中国的国情和实践，中国在非遗保护中将非遗项目分为10类：（1）民间文学；（2）传统音乐；（3）传统舞蹈；

作者简介：陶立璠，中央民族大学民俗文化研究中心主任，教授。

（4）传统戏剧；（5）曲艺；（6）杂技与竞技；（7）传统美术；（8）传统手工技艺；（9）传统医药；（10）民俗。很明显，联合国教科文组织的分类是宏观的，他重在说明非遗的特征，而中国的分类是结合中国国情，将分类细化，使其在保护工作中更具有可操作性。

联合国教科文组织对非遗的定义，是综合世界各国非遗文化特点提出的，并规定了"非遗"所涵盖的基本内容、特点和非遗传承的特点：即"被各群体、团体，有时为个人视为其文化遗产的各种实践"，"各个群体和团体随着其所处与自然界的相互关系和历史条件的变化，不断使这种代代相传非物质文化遗产得到创新，同时使他们自己具有一种认同感和历史感"。值得注意的是这里的关键词是群体、团体、个人，认同感和历史感。这正是非遗产生的历史认同和传承的生态环境。因此非遗保护是以其传承的个人、群体、团体的认同感和历史感为基础的。认识到这一点，就明确了非遗文化的创造和传承，它的创造本体是群体、团体或个人，而且它的形成不仅具有历史感而且得到群体的认同。

二、关于非遗保护

《公约》对非遗保护，也做了明确的解释。指出非遗保护是指"采取措施，确保非物质文化遗产生命力，包括这种遗产各个方面的确认、立档、研究、保存、保护、宣传、弘扬、传承（主要通过正规和非正规教育）和振兴"[3]。为了贯彻《公约》精神，联合国教科文组织还专门设立了"人类非物质文化遗产代表作名录""急需保护的非物质文化遗产名录"和"优秀实践名册"三项人类非物质文化遗产名录和名册，其专门的委员会每年都会审议各国申报的遗产项目，然后决定是否将其列入名录或名册。

中国是《公约》的缔约国，自然承诺对中国的非遗进行保护。2005年国务院发出《关于加强文化遗产保护的通知》，2006年公布第一批国家级非物质文化遗产代表作名录，并建立国家4级非遗名录保护体系。2011年2月颁布《中华人民共和国非物质文化遗产法》。从此，中国的非遗保护有了法律依据。

非遗保护工作在中国已经实施了将近20个春秋。其间，国务院先后公布了五批国家级"非遗"代表作名录，计1600多项，加之省、市、县（区）三级非遗代表作名录，基本实现了非遗地毯式的普查和认定。这些名录都是经过各级政府文化部门发动专家学者考察认定的，具有很高的权威性。非遗代表作名录的认定，为非遗保护工作打好了坚实基础。20多年的非遗保护工作取得不小的成绩。此外，中国非遗还走向了世界。去年，"中国传统制茶技艺及其相关习俗"被列入联合国教科文组织人类非物质文化遗产代表作名录。至此，中国共有43个项目列入联合国教科文组织人类非物质文化遗产代表作名录、名册，居世界第一。这些成绩的获得和历代非遗人的不懈努力和卓越贡献是分不开的。

谈到非遗保护，又回到了老问题：什么是非遗，保护什么，怎样保护。什么是非遗？这一问题，已经取得了全民共识。保护什么，如何保护？仍然是需要探讨的问题。这不仅涉及对传承个人和群体的认知，还涉及政府、专家学者在保护工作中的作用问题。总之，要使非遗保护避免政府、学者包办代替，使其保护回归民间，发挥非遗传承个人和传承群体、团体在传承中的作用，使保护工作促进非遗传承的可持续发展。

非遗保护应该是全方位的，包括非遗文化的创造、传承和消费。非遗传承人包括个人、群体和团体，他们既是非遗文化的创造者、持有者，又是这一文化的享受者和传承者。而非遗文化的消费，也是传承的重要组成部分。以往我们对非遗的传承有一种曲解。具体到非遗项目的传承，两眼紧盯着该项目的代表性传承人，而忽视了群体和团体传承。有时还忽视了非代表性传承人群体和非遗文化的消费者群体。因为没有非遗消费，就没有非遗的创造和传承。非遗消费是非遗可持续传承不可或缺的环节。我们看到许多非遗项目的消歇和失传，都和非遗文化的消费有关。比如中国传统的年画，曾深受民众的喜爱，有着千年以上的消费传统，是中国年节不可或缺的节物。不知何时，这一消费传统随着时代的变迁，渐渐消失了。消费的断裂，使传统年画失去了它的生命力。如今传统的年画，已走出民众的生活，变成收藏品和博物馆的展品。消费群体是非遗传承不可缺少的因素。每一项非遗项目都有它特定的传承对象和特定的消费对象。每一个非遗项目的代表性传承人是传者，同时也是这一项目众多的受传者（受众），他们同时是非遗文化的消费者。这些受传者有时被认为是非代表性传承人，他们既参非遗的传承，又参与非遗消费。正是这些参与者构成了传承的群体，也许下一代的非遗代表性传承人就是在这一群体中产生的。他们有可能成为某项非遗项目未来传承的后备军。

三、交叉学科与非遗学建设

明确了非遗和非遗保护的准确定义，在非遗研究中，能更好把握他的理论梳理。而交叉学科方法论，为非遗研究提供了方便的门径。

交叉学科，顾名思义是指学科交叉融合逐渐形成的新型学科。在社会学科中往往将这种研究称为"应用研究"。比如民俗学研究，需要多学科理论和知识支撑。研究民俗文化的学者，除它的研究对象是人们日常生活中，靠语言和行为传承的各类民俗事象外，在具体的研究中，往往需要借助多学科的理论和知识，这种知识和理论涉及历史学、文学（民间文学）、语言学（古代汉语）、文化人类学、社会学、法学（民间的不成文法及习惯法）、民族学、传播学等。没有上述学科的知识和理论支撑，民俗学研究不可能取得优异成绩。民俗学之所以成为一种独立的社会学科，正是在交叉应用研究中取得的。交叉学科研究，不仅丰富了本学科研究的内容和方法，也打开了研究者的视野，它和比较研究有同工异曲之妙。交叉研究体现了科学向综合性发展的趋势。

关于非遗学概念，在非遗保护工作伊始，就有学者提出。不过当时概念十分模糊，存在不同的理解。2006年10月，学苑出版社出版曾出版过一本《非物质文化遗产学论集》，由笔者和日本学者樱井龙彦主编，当时并没有严肃地追究非遗学这一概念的提出准确与否。认为只要是涉及非遗的论文，就属于非遗学范畴。直到参加国家非遗保护工作专家委员会委员后，参与了非遗代表作名录和代表性传承人认定，许多学者质疑非遗研究是否能成为一个新的学科非遗学。当时正是非遗保护如火如荼的时候，有的学者提出非遗是一个学术概念，有学者认为不是，指出它只是为适应保护工作的需要而提出的概念。这的确是值得认真思考的问题。有鉴于此，在笔者再版的《民俗学》导论一章，曾开辟专节，讨论民俗学与非物质文化遗产，结论是否定了"非遗学"作为单独学科的地位[4]。

此次参加天津大学冯骥才文学艺术研究院召开的"新时代·新学科·新使命——非物质文化遗产国际学术论坛"，为笔者提供了重新学习的机会，即如何认识新时代非遗保护所承担的历史重任和使命，并对既往观点做出反思。

天津大学于去年10月获批设立全国首个非遗学交叉学科硕士授权点，并开始招生。交叉学科是国务院学位委员会根据新时代自然学科和社会学科发展的新形势，新设立的学科。非遗学作为这一交叉学科一级学科获得硕士授予权，说明中国非遗保护事业进入新的阶段，即人才的培养进入国家模式，意义非常重大。中国是一个非遗大国，非遗文化不仅历史悠久，而且以独特的传承延续至今，是一笔丰厚的文化遗产。经过多年的努力，已经确立为国家项目的非遗项目达到1600多项，而对它的确认、立档、研究、保存、保护、宣传、弘扬、传承（主要通过正规和非正规教育）和振兴，是摆在"非遗"研究者面前的艰巨任务。面对如此繁重的保护和研究工作，国家确立交叉学科，并将非遗研究的非遗学作为一级学科列入其中，这对非遗保护者和研究者是莫大的鼓舞，也使中国非遗保护事业迈上一个新台阶。交叉学科专门设立非遗学，顺应了目前中国非遗保护和研究工作的新形势。

回顾中国非遗保护事业走过的路程，非遗理论的研究和探讨，实际遇到的也是交叉学科的问题。国务院公布的几批非遗代表作名录，就是由人文学科中，众多学科的专家参与确认的。涉及民间文学、民俗学、音乐学、舞蹈学、戏剧曲艺学、美术学、工艺学、医药学等。其实考察各类非遗项目，它们本身就具有明显的文化交叉特性。比如音乐、舞蹈、戏剧与曲艺就是一种综合性的非遗项目，对它的研究需要音乐学、舞蹈学、戏剧曲艺学的理论和知识。民俗类的庙会，是多维度的文化空间，不仅需要宗教学（民俗宗教）、理论和知识，还会涉及其他人文学科的理论和知识；传统医药是实践经验的结晶，需要中国医药学的理论和知识。随着非遗保护工作的不断深入，作为交叉学科的非遗学应运而生。由此看来，非遗学无疑具有交叉学科的性质。

非遗学的诞生，不仅关系到非遗研究的进展，而且关系到研究人才的培养。中国非遗保护工作已经进行了20多年，积累了大量的非遗资源和保护经验，同时也培养了一支卓越的研究团队，这为非遗学的研究奠定了坚实的基础。未来它所养育的人才应该是多学科相融互补的全科性或复合型人才。

回顾非遗传承和保护的历史，中国非遗学的建设任重道远，有待于在实践中形成自己独特的学科体系，建立非遗学的理论框架，形成独特的方法论。未来在非遗学门下也许会形成不同的应用学科（子学科），如非遗民俗学或民俗非遗学，音乐非遗学或非遗音乐学等。也可能还会形成许多专题研究。人才的培养在于造福学科和这一学科统领下的非遗保护事业。交叉学科之非遗学，承担着历史的使命。

最后提一点建议。既然非遗学被设为交叉学科一级学科，利于非遗人才的培养，建议天津大学一鼓作气，在该校的文科设立非遗学的本科专业。因为本科专业在非遗学课程设置上更具科学性、灵活性。众多的与非遗学交叉的学科走进课堂，必将为非遗学高端人才研究生（硕士、博士）的培养，输送高质量的后备军。◈

参考文献：

[1][2][3] 文化部非物质文化遗产司.非物质文化遗产保护法律文件汇编[C].北京：文化艺术出版社，2009：396.

[4] 陶立璠.民俗学文存·民俗学[M].北京：学苑出版社，2019：21—26.

（上接第 15 页）

文化精华相贯通与民众的共同价值观念相融通，生长为鲜活的文化生命体，成为文化自觉与自信的精神武器，融入民众生活、国家战略和文化发展大局。

联合国教科文组织注重通过公约推动文化遗产的保护，成效集中体现于1972年通过的《保护世界文化和自然遗产公约》、2003年《公约》以及2005年通过的《保护和促进文化表现形式多样性公约》。1972年公约，奠定了"世界遗产"保护运动的基础。随后，围绕世界遗产的"突出普遍价值"评价标准展开了驰而不息的探讨，表面看是对遗产形态认知的逐步深化，实则是文化与自然并置中忽略了二者的内在关联。为弥合公约局限而对相应《操作指南》驰而不息的修订，进一步印证了不但文化与自然不能割裂，物质与非物质亦不能隔离，物质与自然的关系同样需要厘清。基于对文化遗产保护价值观的反思，2003年《公约》为保护文化遗产形态提供了更为宽博的框架，形塑了遗产保护的新理念、新范式与新框架。审视这种弥合，不但是对遗产概念和类型认知的深化，更是基于多样性与持续性发展观与价值观认知的提升，还原文化遗产作为复合概念的内涵、本质与体系。活态性决定了非遗就是生活的万花筒与连结点，获取的观念难免多元零碎，交融形塑中实现多样性。这些也难以改变非遗必须依托载体才能存在的现实，特别是传统、信仰、历史事件等与遗产的评价与信息的非物质性等都难以从单纯的物质构造中脱离出来。物遗与非遗相互交融，最终统一于文化遗产本体。

遗产问题的根本是文化，关乎自信与自觉，又映现民族的文化观。区别于传统与现代二元对立的文明观，中华优秀传统文化赋予中华文明以底蕴、根基与自信，而文明的生成既是历史过程的累积，也是多种因素作用的结果，二者相互影响、有机统一，构成新的文化生命体的内在文化精神。围绕文化遗产强化基础理论建设与学科体系建构，不仅有助于非遗保护向深层拓展，文化遗产保护实践也会更加活跃，并在国际上形成自己的话语体系，增强中华文化的世界表达，为不同文明的交流互鉴和人类文化的存续发展贡献中国智慧和中国方案。◈

家门，师门，校门：传统手工艺传承的主要类型

郭　艺

摘　要：我国传统手工艺以师徒传承为主要传承方式，以保持技艺传承的完整性和生命力。而今，随着社会发展，工艺传统必然发生变化，由此导致一些传统技艺式微。要想研究我国传统手工艺发展中制度性的规律，传承是手工艺嬗变的重要因素。文章对非物质文化遗产代表性项目代表性传承人跟踪访谈，调查传统手工艺在不同历史时期的传承状况，并针对不同传承类型进行分析，探寻传承对于传统手工艺风格的影响，为形成有效的传承机制提供科学参照。

关键词：传统手工艺；师徒制；家庭；师门；院校

一、引言

传统手工艺在长期发展过程中形成的传承制度成为手工艺者恪守的准则，规范了手工艺者的行业操守。目前，我国传统手工艺以家族、师徒，以及近现代院校教育为主要传承方式。技艺家传既是家业继承，亦是中国传统家族观的一种体现，通过权利与责任维系着家族的传统，长辈毫无保留地传授技艺，子承父业代代传续。传统手工艺的师承不仅继承技艺，更是生存职业的选择，徒弟在学艺的过程中尽快地掌握技艺，以便出师后可以此为生。学艺是从模仿到熟练的过程，继承师父的工具用法、制作手势以及审美趣味等，由此造就了师徒风格的一致性，形成了同一门派的技艺风格。在当代，以师带徒的传承方式依然发挥着重要作用。20世纪初，手工艺教育旨在推动民族经济振兴，我国高等学校教育开始设立工艺科目，一大批艺术教育家把民族情感投入到现代教育中，奠定了我国工艺美术教育的基础，基本形成了现代工艺美术教育的格局，推动了传统手工艺的创新发展。

传艺是手工艺传承制度中的重要内容，徒弟的技艺与品行影响着师父的社会信誉，而师父的声望与地位则能给予徒弟谋生的资源。也正是这种相互依存的状态，构建了一种紧密的关系。尽管如此，无论是师父还是徒弟，都必须依靠技艺实力拓展知名度，才能在同行中赢得声誉。20世纪50年代以后，我国手工艺行业纷纷成立了合作社、生产小组，一部分优秀的手工艺者在传艺的同时也担当着管理者的角色，为行业发展做出了重要贡献。而推动行业发展的主要动因是注重传承，国家出台了人事用工政策，鼓励职工带徒传艺。今天，在我国工艺界发挥中坚力量的骨干，很大一部分人是在那个时代培养起来的。20世纪90年代，由于工艺美术行业改制，大多数手工艺行业以个体的形式存在，各种作坊需要手工艺劳动力。于是，招收学徒成了储备手工艺劳动力的方式，师徒关系不再受传承制度的约束。随着现代教育体系的延展，手工艺被纳入学科教育，拓宽了传统手工艺的传承路径。经过院校教育的手工艺者，在继承传统的基础上，对自身事业有了更多的追求，技艺成为表达艺术理想的手段，而不是终极的目的，拓展了"技"和"艺"表达的内容，为此，手工艺呈现了现代社会需求的多种面向。

二、技艺家传：基于血缘的家族传承

传统手工艺大多以家庭为基本单位，家庭成员均从事与技艺相关的工作，无论老少皆参与到手工艺的劳作中，家庭长辈有意识地培养子嗣继承家业，他们的后代从小耳濡目染手工艺的操作流程，手工艺伴随着他们的成长。家传技艺既是家业继承，亦是家族责任。手艺传家是中国传统家族观的一种体现，围绕权利与责任，按照既定的程式维系着家族的传统。乐清黄杨木雕国家

作者简介：郭艺，浙江省非物质文化遗产保护中心（省非遗馆）主任，研究馆员。

级代表性传承人王笃纯回忆自己的学艺经历，道出了家庭对他职业选择的影响。

我十三岁开始学木雕，跟家庭影响也有关系。我父亲没有开口叫我学黄杨木雕，是我自己愿意学。刚开始，我父亲就叫我擦砂纸①，也就是磨光。有时候他的黄杨木雕作品雕起来，会教我磨光。后来他教我磨刀，父亲告诉我平刀、反口、圆刀、三角刀怎么磨，把那些磨石都拿过来，他先做那个动作让我看，我根据父亲的动作来磨。后来父亲雕的作品叫我修光，他让我先修后面，前面不用修，修人物的背后，即使出了问题也没有关系，他可以改。前面如果修坏了，譬如肩膀没修好，这边小，那边大，就没有办法改了。所以我听他的，就从后面开始修光。我大概修了两三个月，慢慢地修到前面，这就是一个学习的过程。（郭艺访谈王笃纯口述摘录，2017年3月30日上午，于浙江省温州市乐清市民丰小区王笃纯家，受访者：王笃纯，采访者：郭艺。）

子承父业是传统工艺传承的重要方式，父辈毫无保留地传授技艺，如同把积攒的财富传给后代一样，令家族手艺得到赓续，对于手工艺者来说是莫大的欣慰：一方面家族技艺得到继承，另一方面技艺在身不愁生计。新中国成立以后，手工艺行业积极谋求发展，政府的方针政策为手工艺者提供了机遇，他们在合作社、工厂、集体单位，凭借手艺为国家的经济建设服务，获得社会的认可。即便如此，家族从事手工艺的传统并没有改变，反而坚定了家族成员投身到该行业的信心，由于制度的改变，手工艺者不仅参与经济建设，且起到传承民间艺术的作用，被国家赋予了崇高的社会责任。乐清王家黄杨木雕的传承，印证了手工艺人在国家制度变化中衍生出的社会使命感，王笃纯经常忆起父亲的教诲。

我在美院学习期间，父亲吩咐我说②[1]，国家很重视我们，也培养了你，领导对你们年轻人那么好，你要继承黄杨木雕技艺，在这里学习，完成学业以后，回去还得要做点工作，才对得起国家。我说，做什么事情？他说，你回去要把一些木雕艺人组织起来。（郭艺访谈王笃纯口述摘录，2017年3月30日上午，于浙江省温州市乐清市民丰小区王笃纯家，受访者：王笃纯，采访者：郭艺。）

20世纪50年代至80年代，国家鼓励手工艺者传承手艺，作为职业选择，他们的子女大多进入工厂学艺，乐清黄杨木雕大师王凤祚③的儿女都从事黄杨木雕，他对社会制度的改变充满感激，从事手工艺也能获得社会地位，拥有一份稳定的工作。其子王笃纯的儿女们也欣然学艺，不仅继承家族技艺，也获得了职业认同。王笃纯的女儿王京是省级工艺美术大师，由于拥有一技之长，加之家传背景，很早就在工艺美术界崭露头角。乐清王家黄杨木雕的第三代们认为家庭影响是促使他们赓续家族技艺的重要因素。

我因为家庭的熏陶，对艺术的热爱是潜移默化的，我们家都很喜欢从事艺术。我们继承黄杨木雕，在当时的社会环境下也是顺理成章的，比如我是跟我爸爸学的，他就是我的老师，当时我正好遇上1976年厂里在招生。（郭艺访谈王京口述摘录，2017年2月27日，于浙江省温州市乐清市民丰小区王笃纯家，受访者：王京，采访者：郭艺。）

乐清王家黄杨木雕传承已经延续至第四代，王石是王笃纯的孙子，他自小成长在黄杨木雕世家，必然影响了他未来职业选择的判断，同时，他也意识到家族技艺传承的责任。

家庭是一方面的原因，主要是我自己喜欢，不然我不会选择这个专业。我高中的时候就开始准备考美术学院，方向还是很明确的，我报

---

① 除了砂纸，传统木雕磨光也采用民间称为"擦锡草""锉草""擦草""笔筒草"的植物。古人用于木、骨、石等器具的加工。其草药名为"木贼草"，《本草纲目》记载：此草有节，而糙涩，治木骨者，用之磋擦则光净，犹云木之贼也。

② 根据王凤祚口述，徐荣记录整理："当时全国各地组织农业、手工业合作社，王笃纯回家时，我想起了乐清老家还有散落在各处的黄杨木雕艺人，有的还在该行，有的在家种田，如果把他们组织起来，可以解决他们的生活困难，还可以发挥他们的专业特长。我就几次吩咐王笃纯，要他回去以后向当地政府部门领导汇报，建议组织黄杨木雕小组进行雕刻生产。"（王笃纯 2011：47）

③ 王凤祚（1905—1993），汉族，生于浙江省乐清县翁垟镇前街。著名黄杨木雕艺术家。第一届、第二届、第三届浙江省政协委员，是近代黄杨木雕发展史上承前启后的重要人物。代表作品：《苏武牧羊》《牛郎织女》《毕昇》等。

的专业就是雕塑系。王家黄杨木雕到我这一辈是第四代了，现在没有多少人传承，包括外姓的人也很少，因此，我也考虑要把这项技艺传承下去。（郭艺访谈王石口述摘录，2017年4月1日，于浙江省温州市乐清市民丰小区王笃纯家，受访者：王石，采访者：郭艺。）

家传技艺并没有因为时代变化而消失，只是随着社会发展，现代社会创造了更系统的教育条件，提供了更多可选择的职业或就业机会，成就了更多元的社会环境，传承技艺不是唯一的事业发展路径，由此，家传技艺不再承载厚重的家族责任。作为职业发展，仅仅具备家族资源优势，已不是唯一的竞争力，较高的艺术禀赋和技艺水平，甚至具备一定的综合能力，才能成就手工艺者的一番事业。当然，在调查中发现，血亲的传艺更重视核心技艺的传承，更有利于技艺保存的完整性，由此，家传技艺所具有的文化性，远远超出其技艺本体的价值。随着经年的接续，优秀技艺将折射出人类创造力的光芒，不仅是"家"的资源，更是社会的宝贵财富。

三、师门传承：突破血亲关系的业缘传承

传统社会中手工艺被大多数普通人所接受，所谓"家有良田万顷，不如薄技在身"，没条件让孩子受教育的人家，一般都会考虑让孩子拜师学手艺，寻找一条生存的途径。学习一门技艺，就是掌握一种谋生的手段，当然，对于学艺的人来说，个人的条件决定了其今后的发展。

手工艺行业对技艺的垄断由来已久，主要是维护行业利益，规避竞争对手，因此，手工艺者往往对于传艺采取保守的态度，收徒或是熟人引荐，或是具有地缘、血亲的关系，徒弟与师父之间要具备某种人情和地缘的关联。学艺是一个漫长的过程，师徒日复一日地相处，他们之间的情感很特别，既是身边的劳力也似家庭的一员，而徒弟对于师父的顺从，是师父考察徒弟的重要标准，徒弟是否贴心、厚道、灵光，在带徒中都可得到了解。带徒是培养师徒默契的过程，以便师父更好地传艺，对于有天分的徒弟，师父会付诸更多的心思，聪慧的徒弟自然也会用心学艺。如青田石雕国家级代表性传承人倪东方的徒弟林爱平就很感恩师父对他的帮助，经年累月在一起的师徒情谊往往不一般。

其实按传统是三年，像我带学生也是三年。我觉得我受到的待遇就完全不一样。1986年下半年跟师父学的时候，我还要劳动，因为我家庭条件不是很好，我上面有六个姐姐，我是老七，就要经常到山上砍柴，下地种田。到了1986年过年的时候，我记得很清楚，我师父给我1500元。那时候1500元是不得了的，他说500元是给我自己当压岁钱，还有1000元是给我母亲的。那么第二年的时候，我就拿到一个月600元的工资了。我觉得比一般的工薪阶层的工资都要高，因为我有600元的工资，母亲肯定不会让我到山上砍柴去了。我师父给我的工资也帮助了我母亲，其实也是减轻了我的家庭负担吧，因为这样，我就加倍努力学习。（郭艺访谈林爱平口述摘录，2017年9月12日，于浙江省丽水市青田县山口镇名师路林爱平家，受访者：林爱平，采访者：郭艺。）

手工艺是技术与经验的积累，进入师门的习艺与家传技艺不同，他们之间是一种约定关系，以保证师徒共存以及技艺的垄断。师父带徒既是传授技艺也是引入劳力，他要把握帮工和传艺之间的分寸，多年的技艺经验一旦毫无保留地传授，日后的弟子可能成为竞争对手。为了保持技艺竞争的优势，他们之间的传承主要依靠徒弟自己的悟性，尤其对于所谓的"绝活"，更是要确保技艺不外传。学艺年限随行业而定，一般三或四年，"江浙间凡学手艺者，必三年而成"[2]。学艺是品德与技术的磨炼过程，在此期间，师父评估徒弟的为人和技艺能力，徒弟则在劳作中体会技艺的门道。师父在实践中教授手艺和行事方法，对于一个在生理和能力都处在成长过程的学徒，师父的言行可能就塑造了他的将来，技艺和人格都将得到继承。"严师出高徒"不仅树立了师父的地位，也昭示了"尊师"是学艺过程中重要的内容。

当徒弟完整地掌握了技艺的工艺流程，便开始为师父生产或者加工产品，此时，才真正开启随师学艺的阶段，遇到技术问题时，师父再根据自己的经验逐一地传授。行业中流传的技艺口诀，是手工艺者代代相承的经验，为传授技艺而总结出的方法，这些口诀一旦被学徒所领悟将受益终身。艺从师门除了掌握真传的技艺之外，还能收获为人处世的经验，对于初入手工艺行业的人来说，进入师门预示着今后职业生涯的开启。

四、院校传艺：立足于公共教育体系的传承

肇始于20世纪初的手工艺教育，旨在推动民族经济振兴，20年代至40年代，我国高等学校教育开始设立工艺科目，如国立北平大学艺术学院手工师范、上海美专工艺图案科、四川省立艺专应用艺术科、国立中央大学艺术教育系图案科、国立杭州艺专图案系、广州市立美术学校图案科以及国立北平艺专图案系等，工艺教育逐渐被作为美术教育的一部分。一批留学海外的学子投身于工艺美术的教育，陈之佛①、庞薰琹②、雷圭元③、李有行④、沈福文⑤等，他们把民族情感投入到现代教育中，奠定了我国工艺美术教育的基础，基本形成了现代工艺美术教育的格局。

中华人民共和国成立后，依然延续工艺美术的教育体系，教育方向更侧重于理论与实践相结合，培养工艺美术应用人才，为我国经济建设服务。20世纪50年代以后，传统的手工艺作坊归并形成手工艺合作社，从产业生产到人员管理，在统一计划体制下进行。当时，手工艺也被纳入了社会主义改造的行列，同时，政府制定了一系列的方针政策，重视手工艺人才的培养。"浙江省的文化部门率先动作起来，于1953年3月，在中央美术学院华东分院举办了华东地区民间艺人培训班，招聘了一批浙江省籍的华东地区著名雕塑艺人，1958年下半年，浙江美术学院（前身中央美术学院华东分院）成立了民间美术系。该系是在1953年创办的民间美术创作室的基础上筹建起来的，东阳木雕老艺人马凤棠⑥任系副主任，设石雕、镶嵌、木雕、彩塑4个班，由著名老艺人分任各专业老师，面向华东地区招生（或由厂选送），学制4年。"[3]为了配合经济建设，完成第一个五年计划中对手工艺人才培养的要求，1953年初全国对原有美术院系进行了调整，当时的中央美术学院华东分院实用美术系合并到北京本院，使南北两地的工艺美术教学经验的专家、教授聚集在一起，集中力量为工艺美术教育与科研工作做贡献。与此同时，四川美术学院设立了工艺美术科，鲁迅美术学院设立了实用美术科，加速了工艺美术教育的发展。在政策上实行了毕业生分配制度，为当时手工艺行业输送优秀人才。院校不仅请进手工艺人，也对手工艺行业的人才进行培训，王笃纯曾经在1953、1958年先后两次到美术学院进修。

1953年的春节过了以后我去上海学木工，我父亲是3月份，也就是春节以后到了杭州，在美术学院民间艺人学习班⑦，有杜云松、潘雨辰这些艺人都在那里。我接到父亲电报就想去杭州看他，何况自己也不想学木工。记得正好是劳动节放假，我娘舅也叫我到杭州父亲那边去看一看。到了杭州我在美院见到了民间工艺美术系主任朱

① 陈之佛（1896—1962），又名陈绍本、陈杰，号雪翁。浙江余姚人。现代美术教育家、工艺美术家、中国画家。1916年毕业于杭州甲种工业学校机织科，留校教图案课。1918年赴日本东京美术学校工艺图案科学习，是第一个到日本学工艺美术的留学生。1923年学成回国，曾创办尚美图案馆。先后在上海艺术大学、上海美术专科学校和南京中央大学艺术系任教授，并承担书刊装帧设计工作。

② 庞薰琹（1906—1985），先后在叙利恩学院以及蒙巴那斯的格朗·歇米欧尔研究所习画，并赴德国参观访问。1932年在上海组织中国第一个现代油画艺术团体——决澜社，发表著名的《决澜社宣言》，历任北平国立艺专教授、中央博物院研究员、四川省立艺专及中央大学艺术系、中央工艺美院教授。

③ 雷圭元（1906—1989），江苏松江人。1927年毕业于北京艺术专科学校，同年在杭州西湖国立艺术院任教。1929年赴法国自费留学，研究染织美术和漆画工艺。先后任中央美术学院华东分院和中央美术学院工艺美术系主任，中央工艺美术学院副院长。

④ 李有行（1905—1982），别名顾言，四川梓潼县双板人。著名工艺美术教育家，四川美术学院教授。早年毕业于国立北平艺专，继赴法国里昂美专留学，曾获毕业设计奖，后受聘为国立北平艺专教授。1949年在成都艺专（即前四川省立艺专）任教。1953年后在西南美专、四川美术学院任教授兼第一教务主任。

⑤ 沈福文（1906—2000），福建诏安人。擅漆器工艺。1928年考入国立杭州艺专，1931年考入北平大学艺术学院。1933年任北平美专教授兼教务长。1935年留日入松田艺术研究所。后任西南美专教授兼实用美术系主任，四川美术学院工艺美术系主任，四川美术学院院长。

⑥ 马凤棠（1914—2001），浙江东阳人。1928年曾在上海学习雕花工艺，擅长木雕。历任浙江美术学院民间美术系副主任，浙江省工艺美术研究所副所长，中国美术家协会浙江分会副主席。

⑦ 指中央美术学院华东分院民间艺人训练班。

理论研究

Theoretical Study

金楼老师，他看到我就问我父亲："王老师，这个孩子是你什么人啊？"我父亲说："这个是我儿子。"朱老师又问："你几个儿子啊？这是老几？"我父亲回答："这是老大。"朱老师就对我说："那好啊，在这里学嘛，你在这里学习，可以子承父业。"（郭艺访谈王笃纯口述摘录，2017年3月30日上午，于浙江省温州市乐清市民丰小区王笃纯家，受访者：王笃纯，采访者：郭艺。）

在"教育与生产劳动相结合"的方针下，1958年在全国范围内开展了教育革命运动，对教学进行了初步改革。学校办工厂，专业设计结合社会任务大大促进了理论联系实际，教育联系生产。全国各地的美术院校，艺术院校如浙江美术学院、南京艺术学院、湖北艺术学院等增设了工艺美术系及专业，使工艺美术教育得到了较大的发展。除了改革高等院校的专业设置，还鼓励职业教育的发展，1952年福建率先建立了工艺美术学校，随后北京、苏州、上海、浙江、河南、山东等地陆续成立了工艺美术学校，至1956年全国各省都建立了工艺美术学校。在工艺美术学校里开设装潢美术、工艺绘画、工艺雕塑、陶瓷、织绣、漆器、金属工艺、服装、家具设计、染织设计等专业。工艺美术教育家庞熏琹曾指出："北京市工艺美术学校从成立以来，他们的办学的方针方向始终是明确的，它是为北京市工艺美术事业输送后继者、输送人才。它的学生毕业后输送到北京市工艺美术事业的各个方面，继续从事专业设计工作，这样人尽其才，各专业也后继有人。"[4]当时职业学校是培养手工艺人才的重要渠道，事实证明，这些受过职业教育的学生，在我国工艺美术行业中发挥了作用。庞熏琹认识到工艺教育的特性，应以技艺实践为教学主导，培养实用人才。中专制度的职业教育比较适合手工艺人才的培养，学生年龄较轻，到基层后获得技艺经验，再进高等教育院校深造。实践是手工艺的根本，因此他提出要继承传统，并且拜老艺人为师，真正使民族优秀技艺得以传承。乐清黄杨木雕省级代表性传承人王笃芳就是其时的受益者。

我在中央工艺美院进修，加强了一些美术知识的学习，掌握了美术的造型能力，对形象的捕捉感觉更快一点。因为我在美院训练时间比较长的是人像素描，倒不是石膏像素描，是人物写生。平时都是学一些基础课、理论课，范曾先生也教过白描课，还有张国藩先生上装饰课，王家树先生上美术史，有些美术鉴赏，都是基础课，我在美院学了两年。

手工艺者在院校接受正规教育，为他们后续的发展提供了别样路径，在技艺精进过程中，更强化了对艺术的追求，手工艺成为他们表达艺术情感和语言的手段。不言而喻，随着时代发展变化，手工艺不断适应以满足社会需要，同时，时代的发展也对手工艺者提出更多要求，艺术创作成为手工艺者能力的重要体现，不仅局限于技艺本体，更在于创造力的价值，从而造就了手工艺的精彩。

五、结语

我国非物质文化遗产保护工作对传统手工艺传承产生了深远影响，传统工艺作为非物质文化遗产的组成部分，从产业效益转向对传承保护的关照。国家对于传统手工艺的扶持，为传统工艺传承发展创造了条件。近年国家出台的《中国传统工艺振兴计划》《关于推动传统工艺高质量传承发展的通知》，着力推动传统工艺实现创造性转化、创新性发展。政策为手工艺传承者带来发展红利，然而，传承依然是技艺赓续的核心，为此，无论是家族传承还是师门授艺均得到了全面的振兴，这种现象反映了全社会对传统手工艺文化的高度认同，由此，当代手工艺的创作也趋于社会性，精湛技艺是社会的文化财富，传统手工艺具有的人文内涵成为社会可持续发展的创新力。

参考文献：

［1］王笃纯.艺途求索——黄杨木雕艺术大师王凤祚［M］.杭州：浙江摄影出版社，2011：47.

［2］俞樾.右台仙馆笔记（卷8）［M］.上海：上海古籍出版社，1986：211.

［3］浙江省工艺品进出口公司，浙江省工艺美术工业公司.中国·浙江工艺美术［Z］.杭州：浙江人民出版社，2000：55.

［4］庞熏琹.从北京市工艺美术学校81届毕业生成绩汇报展引起的感想［J］.美术，1982（2）：10.

国潮文化语境下的非物质文化遗产物化现象研究

褚 玥

摘 要： 非遗是中华民族世代相传的、与人民群众生产生活密不可分的优秀传统文化的重要代表，在近年来极具影响力的国潮运动中发挥着不可替代的作用。在此过程中所产生的非遗物化的文化现象开始逐渐受到学术界的关注。非遗物化是其在当代社会文化语境中发展的结果，是社会主义文化建设和非遗保护工作的成效。唯有客观认识这一文化现象，非遗保护工作才能走向更加自觉的道路，中华优秀传统文化才能继续健康、绿色地绵延下去。

关键词： 国潮；非遗物化；艺术人类学

在工业化、全球化进程中，环境污染、生态破坏，人们开始反思工业文明的惨重代价，并逐步认识到文化多样性以及保护本民族文化的重要性。由此，从关注人类命运出发，非遗保护工作在世界各地轰轰烈烈地进行着。2015 年，以故宫文创为契机，在中国各地兴起的国潮运动，是非遗保护工作的重要成果之一。国潮，最早可以追溯到《诗经·国风》，即官方采集的民间歌谣，《汉书·艺文志》中言："古有采诗之官，王者所以观风俗，知得失，自考政也。"[1]这些来自民间的、自然的、活态的、充满人味的里巷歌谣之作，是全体劳动人民的集体创作，反映了中国传统民俗、仪式、生活习惯、精神世界等，功能在于"上以风化下，下以风刺上"，[2]重要之处在于"盈其欲而不愆其止。其诚可比于金石，其声可内于宗庙"[3]。今天之国潮运动是指主要在年轻人群体中兴起的，逐渐扩展到整个社会的精神文化潮流、消费潮流，即一种传统与现代二元文化相融合的实践活动和文化现象，是国人文化自觉的重要实践，是中国优秀传统文化在当代社会文化语境中的创新与发展，代表了当下国人的生活理念、风尚和价值观。国潮已经在社会中发挥着重要的功用。其借助优秀传统文化符号融入人们的生活，提升国人的民族自信与文化自信，有助于创造"想象的共同体"，铸牢中华民族共同体意识。人类学的研究方法和视角成为非遗研究者们运用的主要工具。[4]本文以艺术人类学视角，结合当下在中华大地上正轰轰烈烈的国潮运动，客观认识非遗物化的文化现象。

一、非遗物化的文化现象问题界定

在二十世纪八九十年代后，通讯、交通、信息高度发达，不同民族文化发生剧烈碰撞，生产力低的地区文化迅速被生产力高的地区涵化，于是许多民族文化迅速消失了。[5]在中华民族伟大复兴背景下，人们逐步认识到保护中华优秀传统文化的重要性，非遗保护与传承借助外力破圈，又重新回到大众视野和生活中。但是与之相伴的，是一拥而上的非遗资源过度消费和滥用，这导致在国潮运动中，人们更多停留在符号表层的简单挪用，较少触及文化核心。由此也产生了学术界对非遗物化问题的多番讨论。究其根本，是该术语置于中文语境中带来的歧义。在英文语境中，Intangible Culture Heritage 是指视为文化遗产组成部分的各种社会实践、观念表述、表现形式、知识、技能以及相关的工具、实物、手工艺品和文化场所。[6]在联合国教科文组织的界定中，并未将非遗的物化形式完全排除在外，但物质与非物质的二元关系在中文语境中产生了歧义，即非物质是无形的、触摸不到的、不可捉摸的、难以

基金项目： 本文系国家社会科学基金艺术学重大项目"中国艺术人类学的理论与实践研究"（项目编号 21ZD10）、中国艺术研究院院级项目"中国艺术人类学研究现状与实践前沿研究"（项目编号 2021115）的阶段性研究成果。

作者简介： 褚玥，中国艺术研究院研究生院硕士研究生。

确定的、模糊的，物质则是有形的、可触摸的、可捉摸的、可确定的、清晰的。近年来，这种歧义逐渐被打破，更多学者开始认同非遗的物质性与非物质性是同构共生的关系，想要深刻认知非物质，就必须研究其物质形态种种，反之亦然。

首先，在马克思主义哲学中，物质是第一性，精神是第二性的，任何无形的文化都需要以物化的形态来承载，非遗亦是如此。二者之间并不矛盾，在非遗概念的界定中，将物化形式中所体现的精神意义、文化涵义、价值观念置于更高一层，如中国传统建筑材料因地制宜、就地取材，体现了天人合一的世界观。其次，艺术人类学以整体论来进行非遗的认识、研究、保护和传承，即只有通过物质载体的呈现，其中蕴含的非物质性才能够表达，才具有传播力和生命力。价值和精神是物质文明发展到一定程度自然演化而来的产物，只有附着在物质上才体现出来的价值。二者所产生的文化语境是同源的，即建构在同一社会文化语境中，受着同样的文化历史的滋养。中国自古以来就是器以载道，道在器中，所谓"形而上者谓之道，形而下者谓之器"，[7]若说瓷器是中国造物史上的伟大发明，那么陶瓷中所蕴含的文化价值观、生活方式、美学世界则是非遗中更为重要的部分。

另一方面，匈牙利学者卢卡奇·格奥尔格（György Lukács）在《历史与阶级意识》一书中提出物化理论，物化是资本主义社会出现的普遍社会现象，由资本的逐利性引起的整个社会阶层的物化。需要结合普遍化的商品形式解释物化现象。非遗的物化形式的目的是满足人的实用需求，包括物质、精神两个方面，本身具有商品属性，需要在市场交换过程中获得经济价值。在这个过程中，人和物的关系不断发生变化，在消费社会中，他不再会从特别用途上去看这个物，而是从它的全部意义上去看全套的物。[8]在面对此类文化现象时，应当集中研究艺术产生、流通和接受的社会语境，而不是研究特定艺术物品。[9]故而，对非物质文化的物化研究，应当将其置于消费语境之下进行理性探析。

二、何以产生非遗物化的文化现象

1. 文化变迁与非遗的活态性和传承性

由于全球化影响，文化交流出现多样趋势，生活在不同文化圈的人，由于沟通方式等多种因素交错在一起，非遗在此影响下，不断变迁和涵化。人类学自诞生之日起，就十分关注文化变迁现象。文化变迁是指或由于民族社会内部的发展，或由于不同民族之间的接触，而引起一个民族的文化的改变。[10]进化论学派认为，社会文化是按照从低级到高级、简单到复杂、落后到先进依次发展的。传播学派认为文化是在空间里的传播，这种传播是从一地到另一地，一个民族到另一个民族，或者一个文化到另一个文化进行的，[11]具体来看就是文化首先在一个地方产生，而后向各地扩散。文化功能主义认为文化变迁主要由于文化的功能变化引起。历史特殊论学派则以为文化是历史的产物，其特性取决于各民族的社会环境和地理环境，也取决于这个民族如何发展自己的文化材料，[12]既关注文化所处的社会变迁，也关注同一时期不同文化之间的相互影响。

非遗的重要特征之一就是活态性和传承性。在活态性方面，非遗依靠的是社区民众的参与，在与历史、自然、生态、文化的互动中不断结构、解构和重构。一旦没有了这样的特征，非遗的生命力就必然会就走向衰竭。故而，非遗的存在形态、文化内涵、技艺，都是动态的、发展的、变化的。就传承性而言，非遗依靠一代代人传承至今。一旦没有了代际之间的传承，其活力就会迅速下降，走向死亡。现代社会，分工协作，每个劳动单位各自承担社会生产的部分工作。为了获取更高的经济利益，基本使用工业化生产来替代传统的手工生产方式。当人们在冰冷的工业制品中无法感知民族的厚度、文化的温度而逐渐丧失对物质文化的认同时，非遗的物化形式就又重新回归到大众视野。通过非遗的物化形式，大众可以感知日用之美和文化精神、同时满足自我的实用和精神需求，民族和国家则在此实践过程中铸牢中华民族共同体意识。在此大背景下，国潮运动轰轰烈烈地展开了。我国目前正处于国潮运动的初级阶段，其特色主要体现在几个方面：第一，对非遗的元素进行符号的简单挪用，而不在乎其内在深刻的文化内涵；第二，机械化、工业化的生产方式替代并冒充手工技艺的产品在市场中流通；第三，与文化创意产业、旅游产业紧密关联，商品属性突出，质量却良莠不齐；第四，与品牌结合紧密，往往与品牌进行跨界营销，来增强品牌产品的卖点，非遗的非物质性和物质性均被淡化，有时会误导消费者对于该种非遗的认知；第五，与技术结合紧密，通过新媒体进行传播。这些都是当下社会背景下非遗新的构建和呈现，以及其适应新的社会文化语境的体现。一种潮流如果想要在更广阔的空间、更漫长的时间中兴而不衰，而不重视和解决所遇到的问题，那么非遗介入社会的国潮运动很快就会走向下坡，逐渐远离人们的视野。

2. 文化涵化与非遗"遗产资源论"

涵化（acculturation）是文化的重要研究内容之一。这是由于越来越频繁、普遍的文化与文化、民族与民族、国家与国家之间的接触和交流而突出表现的文化现象，是指两个或两个以上不同文化体系间由于持续接触和影响而造成的一方或双方发生的大规模文化变迁。[13]历史特殊论学派认为文化受到内外两个方面的影响，唯有以实证主义为方法论，以历史的方法对待具体的文化现象，才能拟构社会文化现象之总和。[14]人类学家早已关注到原始部落艺术品的涵化现象，西方殖民者将原始部落的艺术品带回到欧洲，或收藏或放于博物馆中展示，在西方逐渐引发了原始部落艺术的潮流，大家争相购买，以致市场需求增加。土著人继而扩大生产，在风格、内容、工艺等方面做出改变以迎合西方消费市场。非遗的涵化现象与之类似，是指在农业文明和工业文明的碰撞中、乡村文明与城市文明的碰撞中、少数民族文化和汉民族文化的碰撞中、中华民族文化和西方文化的碰撞中，非遗脱离了原有的生存语境，其文化功能、社会功能发生改变，不再具备原有的文化内涵，例如，从实用到审美到商业、从仪式到世俗到娱乐、娱神到娱人，固定节庆中的仪式活动成为每天都要演出的旅游展演项目等。国潮运动正是非遗涵化的重要文化现象。由于商业化的影响、消费市场的扩大，非遗以及物化的产品在当下市场中再度流行，是导致涵化现象发生的催化剂。具体来讲，主要是来自商业和旅游业的影响。美国旅游人类学家纳尔逊·格雷本提出"第四世界艺术品"的概念，可用来理解该种现象。非遗不再是根据社区内部人的实际生活需要或审美趣味而生产，而是为了吸引或迎合社区外部人而生产。国潮运动下，非遗在新的语境中解构和重构，在中国产生了非同寻常的效

应，已经展现出燎原之势。

方李莉教授在费孝通先生"人文资源论"的基础上，在"西部人文资源的保护、开发和利用"课题研究中提出"遗产资源论"的重要论述。遗产是人类社会文化发展中，遗留至今的遗物、活动、生活样态，反映了特定时期的特定地点的人民生产生活状况，是前代留给我们的宝贵资源，是动态发展的、活态流变的，不应该成为封存在档案馆、博物馆之中的历史遗留之物。非遗保护工作的目的也不是仅仅将之记录下来，而更应该思考其如何适应和融入现代社会发展。唯有保护其生存土壤，非遗的物化才有可能绿色、原生态地在国潮运动中存活下去，其中蕴含的文化内涵才可能被激发出来，中华优秀传统文化基因才可能被延续下去。方李莉教授提出，非遗不但存在于民众的生活当中，而且还要随着新的时代得到传承、发展和创新。因此，它不应该是"遗产"，而应该是一种还活着的生产方式与价值观念。[15]

从"遗产资源论"视角来看，对于非遗物化的文化现象，应该以客观态度、盲人摸象的方法对其进行多视角、多层面的分析，突破因学科分界而造成的藩篱，最终形成对这一文化现象的整体性认识。非遗保护的目的在于促进非遗在内容、形式、技艺等全方位地适应现代文明，使得曾经濒临消失的非遗再次焕发生机，是传统文化以一种新的方式重构的过程，是当下国际国内形势下对中华优秀传统文化的弘扬和发展。从经济角度来看，非遗的物化形式使其继续在民众日常生活中发挥功用。对其进行商业化的转变，为非遗传承人、享有者以及其社区带来一定的经济利益。他们依靠世代延续下来的技艺来改善生活状态，不必背井离乡去城市里打工。在一定程度上可以缓解乡村空心化等社会问题，为重塑城乡关系找到新的发力点。再次，在科学技术、新媒体快速发展的今天，很难完整保存所谓的原生态文化形态。唯有利用好科学技术和工具，才能将非遗更好地活态传承下去，使之成为一个地方的标志、文化资源。同时，社区民众更加自觉地参与到非遗保护和传承的工作中，对中华民族传统文化观的再塑造有着积极的作用。

（下转第38页）

"非遗国潮"背景下杨柳青年画的创新发展与路径思考

摘　要：随着中国潮流文化觉醒，文化创意产业兴起"国潮"审美趋势，"非遗国潮"成为一种创新发展理念。如何使"非遗国潮"创新发展根植于本土土壤并活态传承非遗，值得每个设计者深思。文章通过杨柳青年画田野调查，阐释其本体的创新发展和国潮背景下的创新发展现状，最后展开"非遗国潮"创新发展的思考。通过研究"保护""研究""传承""传播"的路径和"微笑曲线"模型，来探索传统与当代的连接点，旨在助力"非遗国潮"的繁荣、赋彩新时代画卷，实现"设计"引领生活，非遗回归日常的创造性转化目标。

关键词："非遗国潮"；创新发展；杨柳青年画

一、杨柳青年画的创新发展现状

中国木版年画是"年文化"的重要传播媒介，不仅寄托着人们美好的愿望，也给四季轮回中的民众以慰藉。作为传统文化产业的"杨柳青年画"，自古就有"家家善点燃，户户善丹青"之美誉。其丰富的文化内涵和华丽细腻的艺术风格，以及视觉图像造型逻辑，都使杨柳青年画具有鲜明的地域特征。随着人们生活方式的转变，杨柳青年画逐渐淡出人们的日常生活，成为需要"抢救"和"保护"的非物质文化遗产（以下简称非遗）。在非遗保护后时代中，"活态性传承"和"生产性保护"成为保护非遗的重要途径。当下针对杨柳青年画的保护发展，传承人、设计者和博物馆根据时代的发展和市场需求的差异变化，以杨柳青年画为代表的非遗，其物质载体的呈现正在发生创造性的转化。

1. 传承人基于传统文化产业的原生态创新

旧时天津地区有"不贴年画过不了年"的习俗，杨柳青年画在节日语境中成为一种日常消耗品，在经济、信息不发达的时代，满足了人们的日常需求和心理诉求。随着我国经济的发展和人们受教育水平的显著提升，作为传统文化产业的杨柳青年画，其原本生态空间成为过去，逐渐从"实用的年画"转向"文化的年画"。基于这种定位观念的转变，杨柳青年画的呈现不再以单一纸张作为载体，而是以传承文化内涵为核心，基于年画本身作原生态的创新来阐释"文化的年画"。这种方式主要是依靠传承人的主动创新，一方面体现在年画内容的创新、另一方面体现在年画呈现形式的创新。以"古一张"画店为例，传承人利用谐音造型的手法，在"音—像—意"造型逻辑模式下，通过"音（谐音）"对应抽象的"谐音字"，再到具体的"谐音图像"，重组谐音图像的同时也创新出多样的吉祥寓意，完成传统年画内容视觉和寓意的双重创新。为使年画更好地适应现代人的生活，传承人结合现代居室空间，取早期杨柳青年画作品《金玉满堂》的局部，突破全构图的视觉习惯，使用拱门型结构，引入光电，探索更适合现代家居的形式来呈现年画之美。

2. 设计者基于创意文化产业的新生代衍生

早在1986年6月就有关于杨柳青年画转化的文化创意产业的记录："杨柳青年画社门市部以及天津古文化街上的杨柳青年画店中，不仅有销售杨柳青年画的项目，还销售带有杨柳青年画中各类图像的美术挂盘、手绘丝巾、风筝、扇子等。"[1]可见当时的杨柳青年画就已经

基金项目：本文是天津大学文理拔尖人才培养重点项目（项目编号C1-2022-009）的阶段研究成果。

作者简介：徐晨蕾，天津大学冯骥才文学艺术研究院博士研究生；唐娜，天津大学冯骥才文学艺术研究院副教授，中国木版年画研究中心秘书长。

进入文化创意的初步探索阶段。如今市场对杨柳青年画提出更多的需求，不再仅作为艺术作品，更以地方礼物的身份成为礼品或收藏品。除实现文化价值外，也实现了社会价值、经济价值以及精神价值，成为天津城市的文化名片。2019年"国潮元年"到来，中国的潮流文化开始觉醒，从媒体到大众，从艺术领域到商业模式，从线上到线下，各类品牌如过江之鲫，纷纷国潮。国潮成了审美的尺度，也成为一种icon式的潮流生活方式，因此衍生出各种"潮"到顶流IP。设计者紧抓早已成为公认文化符号的《莲年有余》，深度研发文化创意衍生品，挖掘本土文化底蕴，通过文化创意产业实现非遗的生产性保护，呈现出一系列"顶流IP"的潮玩文创衍生品。

3. 博物馆基于跨界文化联合的创造性传播

便捷的互联网社交平台改变了人们交流的方式，杨柳青年画的传播从传统单一的纸媒传播转变多媒传播。随着社交App的使用，传统节日庆祝方式的趋向网络社交化，新式民俗正悄然兴起。如天津西青区委宣传部上线了微信使用的动态表情包，直观的图像表达，让杨柳青年画超越时空限制，活跃在民众日常即时的社交生活中。此外，联名产生的效应也让传承人的家庭博物馆也展开跨界。如与海鸥表、山海关汽水、特仑苏合作等。随着NFT的浮现，各博物馆、艺术家携手跨界，成为一个积极探索元宇宙的途径。2022年3月26日12点天津杨柳青年画社携手"时藏"数字版权藏品平台在科技赋能非遗的领域有了一次先行突破，首发了9999份天津杨柳青年画博物馆的馆藏经典——《仕女游春》通景对楼的数字版权藏品。此幅年画是画面精美的美人题材，场景构思巧妙、独具匠心地展现了民众对美好生活的向往。自古天津杨柳青年画就以画面精细、用笔细腻、色彩雅致著称，在恢复其工艺上倾注大量心力，多重因素使其从消耗品转变为奢侈品。而数字藏品的发布，不仅实现了民众足不出户就能低价拥有经典作品的愿望，也实现了文化资源的最新转化、最大利用、最强发展。

二、杨柳青年画的创新发展之因

国潮现象是传统文化在当代表达中的探索方式，其创造力的源泉取自中国田间地头的乡土中，而这些乡土孕育的文化、艺术，正是中国广大人民群众日用而不觉，中国社会赖以发展的文化基因。我国曾提出"推动中华优秀传统文化的创造性转化与创新性发展，是深入贯彻习近平新时代中国特色社会主义思想的要求，是实现中华民族伟大复兴中国梦的必然"。[2]近年来，国内文化事业的繁荣和文化产业的发展得到推动，文化创意产业在非遗传承和保护中发挥着重要作用，也是广大群众强化对非遗认知的重要途径。以杨柳青年画为代表的传统文化产业的创新发展原因主要有两方面：

一方面来自国家话语权和时代号召力。20世纪90年代后期，费孝通先生提出"文化自觉"的概念，社会巨大经济规模下的文化不自信，迫使知识分子开始觉醒，将重新认识和激活传统作为内在出路，文化自觉成了一种社会现象。笔者认为文化自觉的中心不在"文化"也不在"自觉"，而在于对主体——即对"中国"的认识方式和认同方式的根本性变化。当今中国是国际社会中不可忽视的经济体，长久掩盖的现代中国问题被重新关注和阐释。当今时代文化在人类社会发展中的地位和作用更加突出，各国越来越重视文化发展。许多国家都把提高文化"软实力"作为重要战略，利用文化展示本国形象、拓展国家利益。因此，在世界百年未有之大变局的今天，提高国家文化软实力，不仅关系一个国家在世界文化格局中的定位，且关系一个国家的国际地位和国际影响力，关系一个国家和民族的前途命运。为提高我国的文化软实力，讲好中国故事，提升中华优秀传统文化的国际影响力，回应好文化这个世界性的时代主题，近年来提出一系列的重要指示和建设文化强国的新时代任务，引导着各界文艺事业保护者、传承人、设计者积极地探索传统文化产业的当代表达。

另一方面是传统文化产业的多维功能价值诱发的创新。爱德华·泰勒（Edward Taylor）将文化定义为"文化，或文明，就其广泛的民族学意义来说，是包含全部的知识、信仰、艺术、道德、法律、风俗以及作为社会成员的人所掌握和接受的任何其他才能和习惯的复合体"。[3]杨柳青年画的画面内容所反映出不同的需求取向，如对长寿康宁的渴望、文化修养的重视、吉祥安泰的祈愿、仕途财富的追求、多子多孙的期盼，这与美国心理学家亚伯罕·马斯洛（A.H.Maslow.）在"人类动机理论"中提出的需求层次理论[4]不谋而合。作为传统文化产业，杨柳青年画集民间文学、民间艺术、民间戏曲等多重传统文化形态于一体的特性，使其具备寓教于乐的教化功能、装饰审美功能和商业功能。在教育水平不普及的旧社会里，不仅提升人们的素养，而且有着规范人们行为的作用。当下，杨柳青年画身后文化内涵未曾消退，依然能够折射出民众的生存理想和审美取向。可见杨柳青年画功能价值在经历农耕文明——工业文明——信息文明，从作为人与手的产物——人与机器的产物——人物因特网的产物，改变的是对待文化的观念形态、文化的知识形态、文化的产业形态、民俗展演的形态等，而其本身的所带的功能价值并未发生改变。基于这种特性，在乡村振兴、文旅融合、中国特色、非遗热、国潮热、文博创意、数字化产业等热词背景下，最终形成"非遗＋X"的文化矩阵模式，为传统文化产业提供更大更广的平台，注入新的活力和形态。

三、"非遗国潮"创新发展路径的建设思考

当代社会是读图的时代，图像思维发达成了当下人类的特点。"目前居'统治'地位的是视觉观念、声音和影像，尤其是后者组织了美学，统率了观众。当代文化正在变成一种视觉文化，而不是一种印刷文化，这是千真万确的事实。"[5]纵观当下，消费社会构筑了产生视觉文化的温床，视觉文化时代的泛审美化倾向给非遗寻求未来的出路也造成很大挑战。视觉文化给现代人带来充分甚至泛滥的美感和快感，但"处处皆美，则无处有美，持续的兴奋导致的是麻木不仁。"[6]如何在全球化进程中守住自身文化的根基，是设计者们努力的方向。特别是在构建人类命运共同体的今天，传承保护传统文化不仅是中华民族面临的挑战，也是全世界各族人民的共同挑战。非遗直观地体现了我国各民族本质和人类文化的多样性，不仅是集体智慧，也是集体记忆。它的表现形式并非固定不

变，而是随时间不断与时代融合，需要被后人不断地阐释，从而获得新的活力。当下非遗和国潮的相遇，无疑是全民文化自觉的探索，一方面体现出是青年群体积极地用自我的方式对传统的再表达和再创造，另一方面是传承非遗文化价值的生动体现和中国文化自信的创造力表象。那么"非遗国潮"作为一个跨界式的创新发展理念，它是否会高高扬起又无声落下？应该如何借助国潮赋能非遗实现非遗的现代转译及可持续创新？笔者认为可以建立一条"保护—研究—传承—研发—传播"的路径，再通过"微曲线笑"模型实现"非遗国潮"对经济转型升级的推动和传统文化的传播，形成传承保护和协同创新的循环模式。该路径的前提需要各领域用文化的眼光将非遗传承保护的主体（传承人）和国潮创新发展的主体（设计者）设定为核心驱动中心。在国家和地方政府的支持和指导下，民间文艺保护者、专家、学者形成研究群体，在非遗保护后期做学术型的理论研究，深入挖掘非遗所蕴含的文化基因，为"非遗国潮"的创新做理论支撑。

众所周知，在非遗的保护和传承过程中，传承人是核心，是文化技艺的持有者，一项非遗的存亡往往集中在传承人个人身上。于传承人而言，传承得是一项文化事业，需要有强烈责任感和坚守精神。在田野考察中，笔者观察到现今的传承人具有较强的创新发展意识和文化研究能力。如铜雕技艺传承人朱炳仁、南通蓝印花布传承人吴元新、天津范制葫芦传承人赵沛等，他们都主动地与社会各界建立连接，不仅传承字号、创立品牌也为其开拓市场。

设计者（独立的个人设计师、设计机构以及设计专业的从业者、爱好者）是非遗和国潮联手的关键，是非遗在当代生态空间中转译成果的驱动主体。想要做出真正的设计创新，需要用草根思维来研发"非遗国潮"，改变内在知识框架和意识才能形成个人的艺术体系，创新仅是随体系的形成而自然形成。不能急于抛弃我们的传统，一味地追随西方的观念，单一地侧重技术表现，想要在当代发展非遗，就不能忽略研究文化。正如习总书记所指出的："'以古人之规矩，开自己之生面'，实现中华文化的创造性转化和创新性发展"。[7]

高校是设计者这一主体的教育培养的来源。随着非遗交叉学科的建立，更多学科类型的高等教育者进入非遗保护之路。科学保护开始转变为学科保护的同时，用"设计"保护非遗，探索可持续衍生之路。一方面高校承担培养文化高素养的学术型设计、传播人才的责任。另一方面，也承担了社会教育的责任，参与国家文化和旅游部、教育部和人力资源社会保障部等启动的"中国非遗传承人群研修研习培训计划"，让传承人走进高校的同时也让"非遗"进校园。如上海大学美术学院，该校是参与"非遗传承人研培计划"的院校之一，目前已经形成"人—产品—传播"的教育模块。通过 IP 化运作＋知识产权＋市场培育来做产品创新。通过展览展示的平台＋手工艺课程推广的方式来进行非遗传播。再如清华大学美术学院的"年画日新"训练营，原博教授提出"溯源图新"的创作方法，搭建以院校为核心、传承人＋设计师的共创机制、高校设计专业教师＋传承人的双导师制度，让设计者、传承人有了更多的交流。此外，"非遗国潮"研发之后向社会公众的传播也需要多元的合作，为"非遗国潮"提供更大的传播途径。如与腾讯视频联合出品的纪录片《国潮手艺人》、与央视新闻合作的带货专场直播节目"把非遗带回家"、京东电商与"年画日新"合作的年货节等。这些多元合作都与 20 世纪 90 年代，台湾宏基集团董事长施振荣提出微笑模型（Smiling Curve）①模式相符合，通过创意研发和品牌营销协同运行，来串联传统与当代的连接点，实现跨越时间性与空间性的传播共享，助力"非遗国潮"的繁荣。

四、结语

从古至今，我们的生活中离不开设计，设计改变生活的同时，也创造了独特情感，这些情感基因蕴藏在我们日用而不觉的传统文化之中。在当下衍生迷失、混沌生活的审美中，我们需要设计来引领"非遗国潮"。在积极吸收外来文化思想的同时，也要主动探寻创新技术和经验，从而发展繁荣衍生创意的多元表现方式，重建自我文化本体，讲好中国的故事，让非遗走出国门，借助国潮实现中国文化的复兴。一方面要主动建立"追本溯源，传承创新"的创作理念，立足于民族文化的认识之上，注重图像思维的表达，用设计引领生活，让非遗回归日常的创造性转化目标。另一方面要做文化转型，做文化输出，弘扬国人设计。千年前西方就曾掀起对中国风的追逐、仰慕，传教士和访华使团就曾带走中国大批的物质文物、非物质的物质载体，在今天，这些祖先留下的非遗，也有理由重现旧时光景。因此"非遗国潮"的设计群体要更多地关注本国，要做符合中国人的习惯的"非遗国潮"，以中华文化为底蕴，通过公众设计方法或表达技巧，在符合国际客观标准的审美标准下设计具有中国文化特色的作品。◈

参考文献：

[1] 天津杨柳青年画社编，杨柳青年画研究文丛（第一辑）[M].天津：天津杨柳青画社，1986.

[2] 人民网.人民日报整版阐述：推动中华优秀传统文化创造性转化和创新性发展[EB/OL].https://baijiahao.baidu.com/s?id=17348324922319 19206&wfr=spider&for=pc.

[3] [英]泰勒著，蔡江浓编译.原始文化[M].杭州：浙江人民出版社，1988：1.

[4] [美]马斯洛著，许金声，程朝翔译.动机与人格[M].北京：华夏出版社，1987：40.

[5] [美]丹尼尔·贝尔著，赵一凡等译.资本主义文化矛盾[M].北京：三联书店，1989：5.

[6] [德]沃尔夫冈·韦尔施著，陆扬等译.重构美学[M].上海：上海译文出版社，2002：232.

[7] 央广网.古往今来，在典故中品味文化自信[EB/OL].https://baijiahao.baidu.com/s?id=1636653165210113121&wfr=spider&for=pc，2023-06-25.

---

① 微笑嘴型的一条曲线，两端朝上。在产业链中，附加值更多体现在两端，设计和销售，处在中间环节附加值最低。

黄河三角洲省级武术类非遗研究

李博文　刘　彤

摘　要：黄河三角洲传统武术是齐鲁非物质文化遗产的重要组成部分。文章通过查找文献资料和实地调研，梳理出黄河三角洲省级武术类非遗文化的历史渊源；从地理环境和人文传统两个方面分析其形成原因；同时从非物质文化遗产保护的角度分析传统武术在传承地的发展现状及问题，并提出相应合理化建议，以期为弘扬黄河流域特色武术文化贡献力量。

关键词：黄河三角洲；传统武术；省级非遗

黄河三角洲位于渤海湾西南岸的黄河入海口附近，在不同历史时期其概念变化很大。2009年国务院批复了黄河三角洲高效生态经济区规划，涉及19个县（市、区），但规划更侧重于经济的联系与发展，文化视角下的黄河三角洲则应侧重于自然地理环境，因而本文所述的黄河三角洲主要包括现在黄河三角洲高效生态区中黄河以北的乐陵、庆云、无棣、沾化、阳信、惠民、滨城、利津、河口以及黄河以南的高青、垦利、博兴、邹平、广饶和东营，共计15个县（市、区），范围略小于黄河三角洲高效生态经济区规划范围。

独特的地理环境和人文风貌孕育了丰厚的黄河三角洲武术文化。黄河三角洲传统武术内容丰富多彩、形式独具特色、文化内涵深厚，是山东非物质文化遗产的重要组成部分，"不同历史时期在安邦定国、抵御外侮、捍卫民族尊严、反抗压迫、维护一方治安、强身健体等方面起到了重要作用，绽放着其应有的和不可代替的功能和价值"[1]。随着现代化进程的加快和人们生活方式的转变，根植于民间的传统武术却后继乏人，面临失传的窘境。本文通过梳理黄河三角洲省级武术类非物质文化遗产，厘清其历史源流、形成原因、现状困惑，并对其可持续传承发展提出合理化建议，以期为弘扬黄河地域特色文化提供参考。

一、黄河三角洲省级武术类非遗历史源流

山东省自2006年评选公布首批省级非物质文化遗产代表性项目名录以来，又先后于2009年、2013年、2016年、2021年公布了4批次省级非物质文化遗产名录（含扩展项目名录），共计697项。其中，传统体育、游艺与竞技共计71项，其中包括传统武术63项，占比为88.7%。就黄河三角洲区域而言，省级传统武术类非遗项目共计6项，分别为燕青拳、程派高氏八卦掌、地弓拳、吴钟八卦掌、梢头棍和大洪拳。其情况如表1所示：

表1　黄河三角洲武术类省级非遗名录

序号	项目编号	项目名称	申报地区	公布时间
1	VI-38	燕青拳	滨州市滨城区	2016.03.22
2	VI-32	程派高氏八卦掌（扩展）	滨州市滨城区	2016.03.22
3	VI-45	地弓拳	广饶县	2021.11.21
4	VI-52	吴钟八极拳	庆云县	2021.11.21
5	VI-53	梢头棍	乐陵市	2021.11.21
6	VI-14	大洪拳（扩展）	滨州市滨城区	2021.11.21

基金项目：本文为山东省滨州市社科规划重点项目"黄河三角洲体育事业发展情况调查研究"（项目编号23-SKGH-145）的阶段性研究成果。

作者简介：李博文，山东省滨州市博物馆文博馆员；刘彤，山东省滨州市体育总会办公室副主任。

通过表1可知，黄河三角洲省级武术类非遗项目主要分布在黄河北部的滨城、庆云、乐陵，而黄河南部仅广饶1县有分布。其中，滨城区就有燕青拳、程派高氏八卦掌、大洪拳3项非遗，占黄河三角洲省级武术类非遗项目的半壁江山，足见该区尚武之风盛行，武术底蕴深厚。

燕青拳，又称"猊猔拳""秘宗拳""弥祖拳""秘踪拳""迷路拳""迷踪艺"等，是黄河三角洲第一个入选省级武术类的非遗项目。据史料记载，燕青拳是清朝乾隆年间泰安人孙通所创，孙通自幼爱好武术，曾在兖州张拳师门下学习拳术，中年后又在嵩山少林寺习武数年，吸取各家拳术之长，自此拳艺炉火纯青，除拳术外，他还精通擒拿、点穴等武术，故又被人们尊称为"万能手孙通"。

孙通艺成后曾游历各地，在山东青州、河北沧县、天津静海等地教授燕青拳，其中尤以沧县燕青拳发展最为突出。燕青拳在沧县的流传自孙通后分为五支，第一支以沧县孙家庄陈万善为代表；第二支以沧县苏家园吕铜锤为代表；第三支以东光县的霍旭武为代表；第四支以沧州李龙屯庙智元住持为代表；第五支以沧县科牛余氏为代表。在滨州流传的燕青拳是第一支陈万善所传。[2]陈万善又名陈善，是燕青拳发展中的著名拳师，以猊猔艺和刀技而闻名著称，有"赛胜英"之誉。陈善将毕生所学传其子陈光治，陈光治又收郭仲三、赵明茂等徒弟，而郭仲三则是在滨州传授燕青拳的第一人。郭仲三本是河北沧州人，精通燕青拳、摔快跤、攀杠子等，七七事变后，为避难举家迁至山东北镇，即今滨城区，在此开始收徒授艺，并将其所学传授其子郭玉芬，后郭玉芬又传其侄子郭宝申，即山东省第五批省级非遗代表性项目传承人。

程派高氏八卦掌是高义盛在恩师程廷华传授的基础上，博采众家之长而创造的八卦掌流派。高义盛是山东无棣人，早年学习过大洪拳和形意拳，后拜在八卦掌名师程廷华门下，专门攻练八卦掌。1909年至1935年间，高义盛往来于天津武清、山东无棣县传授八卦掌，授徒甚众。[3]1935年，高义盛在天津正式设立武场，传授八卦掌，当时有徐明乔、刘凤彩、高文才等24名弟子正式拜师。特别是无棣人刘凤彩全面继承了高义盛八卦掌精髓，并广收弟子传授

所学。1983年12月，肖军拜刘凤彩为师，系统地学习程派高氏八卦掌，肖军现为程派高氏八卦掌省级非遗传承人。

地弓拳是流行于广饶东北西村一带的武术拳种，其确切起源说法已不可考，据该村李氏族谱记载，明洪武年间李氏先祖由河北枣强迁至此地立村，结合已有功夫创立了地弓拳。[4]据地弓拳第14代传人李金顺介绍，有史料记载的地弓拳拳师是第9代掌门人李楠，清末民初时著名拳师有李元成、李洪传、李文彬等，解放后的著名拳师有李中道、李元龙、李新春、李可木等。其中，李金顺师承第13代拳师李元龙，李元龙师承第12代拳师李洪传，再往上由于史料缺失暂不可考，现李金顺已将地弓拳传授给李金伟、李连功等第15代弟子。

吴钟八极拳又称吴氏开门八极拳，为清朝中期庆云人吴钟所创。吴钟（1732—1822），字弘升，回族，清代海丰县（今庆云）后庄科村人，八极拳创始人。据史料记载，吴钟祖父吴玉书、父亲吴天顺都擅长武术且身手不凡。吴钟天性聪颖，自幼喜爱武术，在其父悉心教授之下，吴钟武艺日益精进。乾隆年间，吴钟先后师从马胜标、志辉、赖魁元等多位大师，汇通百家之长，后曾在康熙十四子胤禵府中传授武艺。吴钟返回故里后，主要在其家族传授武艺，传人主要有其女吴荣、世孙吴钟毓、世曾孙吴溁。乾隆五十五年（1790），吴溁奉师命始撰第一部八极拳谱《武术》，正式定名为八极拳，标志着八极拳创立正式完成。[5]自此之后，八极拳开始分派传播，现庆云流行的八极拳主要是吴溁一支，吴溁传吴凯，吴凯传吴会清，吴会清传吴秀峰，吴秀峰传丁玉林，丁玉林传马英亮，马英亮传常庆祝。常庆祝现为中国吴钟八极拳研究会会长、庆云县吴钟八极拳代表性传人。

梢头棍是流行于乐陵市郑店镇赵梳头村一带的特有武术，因使用的棍棒武器一端带有梢头而得名。梢头棍由一长、一短的两个棍子组成，中间用铁环连接，长棍称为"主棍"，短棍则为"梢棍"，其中主棍长约1.5米，梢棍长约0.36米。关于梢头棍的起源众说不一，一是梢头棍起源于宋代，相传为北宋开国皇帝赵匡胤在普通双节棍的基础上创制而成的；二是起源于清代，相传嘉庆年间该地吏治腐败，匪盗横行，民不聊生。后

村中来了一化缘的和尚，传授给村里人武术，保卫家园，当时他们使用的武器便是梢头棍。[6]由于缺乏史料记载，具体传承谱系不详，现梢头棍传承人主要为赵元国、赵福田。

大洪拳又名六步架、三晃膀，是一种主要流传于苏豫鲁皖周边地域的独特拳种。今流传于滨州地区的大洪拳，相传为明末清初道姑玄女传艺于菏泽西北李庄李先明，[7]李先明先师有九大著名弟子，其中郜震卿武技较为突出，后传艺于李北斗；李北斗又传艺于李泰（又名李征）；李泰传艺于张监；张监艺传八大弟子，其中李兴美最为著名，后艺传邓洪先、邓洪友等十三弟子。邓洪先武功精湛，享誉武林，曾任民国时期山东省武术队教练多年，衣钵传人主要有李厚亮、邓宪文、王传芝、张秀华等人。

张秀华为滨州市滨城区瓦屋张村人，少年时拜本村著名拳师张庆秀练拳，后到济南考入渤海武术学校，先后拜师少林寺还俗高僧惠源大师及邓洪先老师入洪拳门，先后学习了小洪拳、大洪拳、猴拳、螳螂拳及各种兵器、对练、散手等，毕业后任济南渤海武术学校总教练。后因避祸返回老家钻研拳术，开班教徒，主要嫡传弟子有刘炳国、刘士君、张太平、张俊国、刘建华、宗继文等。现刘炳国为滨州洪拳研究会会长、滨州洪拳第九代传人。

二、黄河三角洲武术文化形成的原因探析

"千里殊风，百里异俗，地为之也；相沿成风，相习为俗，人为之也"[8]120，一方水土养育一方人，不同的地理环境和人文习俗造就了不同的文化风貌与历史传统。地处渤海之滨，黄河尾闾的黄河三角洲，自古受渤海海岸线变迁和黄河改道的影响，加之不同的民风民俗，故在不同历史时期形成了不同的历史文化，传统武术自然也不例外，其形成就是自然环境和人文传统相互作用、共同促进的结果。

黄河三角洲地处鲁北平原，渤海湾西南岸，地形以平原为主，地势平坦开阔，域内河网密布，水系纵横。沃野千里的平坦地形，有利于群体性、大范围武术活动的开展，域内流行的武术种类同样具有幅度大、动作多的特点，尤以擅长腾空和力量跳跃为区域特色。如燕青拳在练习时就讲究"闪展腾挪，灵活多变；左右开弓，四

隅逢源"；吴钟八极拳在练习时也有"慢拉架子，快打拳，疾打招"之说，同样讲究大幅度、快动作。除此之外，四季分明的温带季风气候，使黄河三角洲武术拳种运动表现出鲜明的季节性特点，使武术拳种运动随季节而变，形成了多种气候型武术拳种运动。[9]如大洪拳的功法练习，十分注重内练与外练的结合和四季阴阳的变化，内外兼修；再如形意拳在练习时同样注重季节变化，讲究"春发、夏放、秋收、冬藏"的变化规律，强调练习时应与四时相配，顺应时节变化。

武术是一种文化形态，它不可避免地要受到地域因素的影响，不同的地域文化则以自身的个性风格与特殊内容，使武术文化在长期的发展过程中融汇和汲取了诸多地域文化的营养，形成了独特的技术风格和深厚的文化内涵。[10]黄河三角洲自古受齐国尚武风俗的影响，习武之风盛行，至民国时，黄河三角洲各州县武馆、拳房遍及各处，武术活动非常活跃，如民国初年惠民县建立了民众教育馆，开设了国术馆并开设常家、河东高两处分馆，组织教授武术、摔跤等民间体育活动。练习武术除强身健体外，更能抵御侵略，如流行于乐陵的梢头棍最初练习的目的就是为保卫家园。近代以来，频发的匪患盗贼，使广大百姓深受其害，如同治七年（1868）闰四月二十三日，捻匪张总愚破商家寨，杀人填沟几平，越二日又屠司家寨，往返数次，数百里兵燹弥漫，人烟灭绝。[11]80因武术具有保家卫国的功能，从而促使该区习武人数激增，如民国滨城的瓦屋张几乎家家习武、户户练拳。除此之外，不同武术之间的交流切磋也丰富了本区武术文化的内涵，如惠民县的徐延贵，因精通拳术，24岁去天津供职于海关道署。越四载，赴北京从师李存义、刘德宽学"形意八卦掌"。武术益精，充德州某哨营官。1928年，在唐敬师部下为队长。晚年家居授徒。本县通武术者，多其弟子。[12]

三、黄河三角洲武术类非遗的问题与对策

中国的非物质文化遗产根植于华夏悠久的农业社会，来自民间，扎根在民间，就其本质而言是一种民间话语形式。[13]然而随着经济社会的快速发展，现代科技的日益普遍，中国正进入科技发达的信息社会，巨大的转变使非遗很难延续发展，正逐渐失去生存的沃土，一些非遗正面临

着被遗忘、被破坏、被抛弃的危险。

非遗传承的核心是人,只有传承核心的技艺、经验、精神,才能实现文化遗产的活态嬗变。虽然政府已重视非遗传承人的保护工作,并相继公布了代表性项目传承人名录,但"将非遗保护的重任倾向个人,在无形中增添了文化传承的脆弱性;非遗活动多与精神和文化领域息息相关,传承成本的物质消耗影响着传承人的目的与内涵,利益驱使下导致非物质文化遗产从业者无法以此为生"[14]。非遗文化本身就是群体性活动,而非遗传承人则具有明显的个人属性,传承的认定与利益的区分,构成了二者错综复杂的矛盾。如滨州市大洪拳非遗传承人刘炳国曾表示,"在自己被认定为传承人后,原先和自己一起练拳的朋友,逐渐疏远了自己。他们认为自己得到政府的补助,所以发扬洪拳便理所应当成为我自己的事情了"。即使政府给非遗传承人部分资金支持,但传承人的活动需要建立在物质基础之上,这显然难以维系其正常的生活开支,在一定程度上又限制了传承活动的发展空间。另外,现有传承人总体而言年龄偏大、文化水平不高,不能很好地整理、总结、记录所传承的武术文化,依靠口耳相传的传承方式,非常容易造成丢失与误传;同时在培养传承人的教育方式上依旧沿袭过去简单粗暴的教育方法和手段,很难根据学生的身心发展规律进行因材施教,进而影响了青少年练习武术的热情。

后继乏人是中国非遗传承发展所面临的共同难题,传统武术文化也不例外。广大青少年对传统武术缺乏兴趣,传统武术出现后继无人、随时失传的问题。在采访燕青拳传人郭宝申时他说,"滨州实验学校虽然聘请我去学校里面教授燕青拳,但一学期也就上6次课,一节课45分钟,不仅时间短,孩子们也缺乏毅力,一开始都挺感兴趣,但一训练就吃不了苦,便失去了兴趣,很多都跑去踢足球、打篮球了"。除此之外,在调研中发现有很多家长,尤其是男生的家长会担心孩子在练习武术之后会惹是生非,不让孩子学习武术。也有部分家长和学生认为传统武术,诸如太极、八卦掌等,是退休后老年人用来修身养性、锻炼身体的,和青少年没有关系。体育课程考核内容的单一以及传承和发展责任意识的缺失,使传统武术在传承上出现了青黄不接的尴尬。

传承人是非遗文化得以传承发展的核心,

无论是现有传承人的保护,还是未来传承人的培养,都是保护非遗文化的关键。保护现有传承人是保护非遗文化的基础,现有传承人掌握着非遗项目的主要要素,在承上启下的过程中至关重要。政府及相关文化部门应对武术项目代表性传承人按照传承年限级别进行分类,不同级别的传承人给予不同的政策保护,同时对于相应的传承群体也应给予相应的荣誉奖励和资金支持,如广东省在2022年1月1日正式实施的《广东省省级非物质文化遗产代表性传承人认定与管理办法》,便将"群体"纳入了"省级非物质文化遗产代表性传承人"的范畴,在省级层面率先迈出了探索创新步伐,为解决集体传承、大众实践的项目代表性传承人的认定问题提供了参考。山东省在此方面尚未出台相应法律,建议相关部门积极制定出台相关法规,为弘扬非遗文化营造氛围,为保护非遗项目提供法律保障。同时,相关部门应对现有传承人进行系统规范的培训,提高其整体文化素质,让他们在培养传承人时注重教育方式和手段,以便更好地激发青少年学习武术的热情;此外,应及时与传承人一起整理、保存、记录所传承的武术文化,特别是拍摄相关视频影像资料,这样不仅可以声情并茂地记录存档,而且可以在互联网平台播放,丰富其传播方式、扩大其传播范围和影响。

培养传承人是弘扬非遗文化的重心,项目传承后继有人才能使文化永续流传。建议将传统武术纳入学校教育课程,并将其作为学生升学技能的加分项目。目前,黄河三角洲的体育运动学校尚无专门武术课程,只有部分普通中小学将其作为校本课程的选修内容进行讲授。学校是大面积培养人才的场所,是终生体育意识的最佳塑造阶段[15],只有学校教育才会更好地激发学生学习传统武术文化的兴趣。同时,在体育职业院校开设武术专门课程,联合教育部门从中小学校遴选感兴趣、基础好、天资好的青少年加以专门培养,从而保障传承队伍发展壮大。此外,与时俱进更新传统武术文化套路,丰富传统武术文化内涵,使传统武术与现代化的生活方式有机结合,才能让更多人从观念里改变对传统武术的偏见,从而自觉加入保护弘扬传统武术文化的行列。

四、结论

习近平总书记强调，要扎实做好非遗的系统性保护，更好满足人民群众日益增长的精神文化需求，推进文化自信自强。黄河三角洲传统武术是齐鲁武术文化的重要组成部分，但目前其发展进入了瓶颈期，所以我们应积极探索弘扬传统武术的新模式，既要保护好现有传承人和传承群体，又要借助学校教育大力培养后续传承人，只有这样才会使传统武术传承有序、永放光彩。✦

参考文献：

[1]李成银.山东传统武术文化研究[M].北京：北京体育大学出版社，2008：8.

[2]郭会仙.燕青拳源流考[D].上海体育学院硕士学位论文，2011：18.

[3]徐俊杰.非物质文化遗产视角下的程派高式八卦掌研究[D].天津师范大学硕士学位论文，2012：10.

[4]王震.山东省东营市广饶县东北西村地弓拳考察纪[J].少林与太极，2020（1）：50.

[5]吴丕清.回族武术八极拳考述[J].回族研究，2004（3）：84.

[6]杨杰，王月灿.德州市非物质文化遗产集萃[M].济南：济南出版社，2019：166.

[7]丁天振，杨祥全.菏泽市大洪拳的发展现状研究[J].中华武术研究，2016（6）：65—69.

[8][11]朱兰，劳乃宣.阳信县志[M].台北：成文出版社，1968.

[9][10]张红霞.黄河三角洲区域特色武术文化研究[C].2015年全国武术论文报告会论文集，2015：171.

[12]山东省惠民县地方史志编纂委员会.惠民县志[M].济南：齐鲁书社，1992：583.

[13]游曼.简析利用微博平台传播非物质文化遗产的可行性[J].重庆第二师范学院学报，2013（3）：149.

[14]冯骥才.科学地保证文化的传承[N].人民政协报，2018.10.22.

[15]牛爱军，虞定海.非物质文化遗产与民族传统体育研究中若干问题的思考[J].上海体育学院学报，2007（4）：57—69.

（上接第 29 页）

三、结语

非遗的物化现象是非遗在当代社会文化语境中发展的结果，是社会主义文化建设和非遗保护工作极为重要的成效，其表现形式之一就是国潮运动的兴起。在各方力量共同的努力和作用下，中国的非遗保护工作正在走向更加自觉和积极的发展道路，这不仅可以使中华优秀传统文化不断绵延，也可以为其他国家的非遗保护提供方案。✦

参考文献：

[1]班固.汉书[M].北京：中华书局，1962：1708.

[2]李学勤.十三经注疏（三）毛诗正义[M].北京：北京大学出版社，1999：13.

[3]荀子.荀子[M].方勇，李波译注.北京：中华书局，2011：462.

[4][5]安丽哲.中国艺术人类学述论（1980—2020）[M].北京：中国文联出版社，2022：7.

[6]UNESCO Intangible Cultural Heritage.保护非遗公约[EB/OL].https://ich.unesco.org/en/convention.

[7]陈鼓应，赵建伟.周易今注今译[M].北京：商务印书馆，2005：639.

[8][法]让·博德里亚.消费社会[M].刘成富，全志钢译.南京：南京大学出版社，2014：4.

[9]Alfred Gell. Art and Agency: An Anthropological Theory[M]. Oxford: Clarendon Press, 1998：7.

[10]黄淑聘，龚佩华.文化人类学理论方法研究[M].广州：广东高等教育出版社，2013：217.

[11]方李莉，李修建.艺术人类学[M].北京：生活·读书·新知三联书店，2013：80.

[12][美]弗朗兹·博厄斯.原始艺术[M].金辉译.贵阳：贵州人民出版社，2004：3.

[13]庄孔韶.人类学概论（第二版）[M].北京：中国人民大学出版社，2015：225.

[14]夏建中.文化人类学理论学派：文化研究的历史[M].北京：中国人民大学出版社，1997：68.

[15]方李莉.从"遗产到资源"的理论阐释——以费孝通"人文资源"思想研究为起点[J].江西社会科学，2010（10）：186—198.

楹联匾额的哲理性和实用性

——以《红楼梦》为例

曾 刚

摘 要：楹联为匾额的补充说明，匾额乃楹联的提炼总结。《红楼梦》中的楹联与匾额早已超出了装饰物的范畴，它们是承载了深厚文化和历史信息的瑰宝，寄寓着作者的思想和情感。其楹联是建筑物的点睛之笔，一是园外之联多见哲理之思，二是园中之联更显实用之趣。其丰富的文化内涵和情感如同时间的窗口，让人们能够穿越时光，感受不同时代的风貌。

关键词：楹联匾额；《红楼梦》；哲理性；实用性

楹联，即对联，又称联语、联句、对子、楹帖等，通常由两句对仗的短句构成，置于建筑物或园林的门楣、墙壁、庭院等处。楹联是中国传统文艺样式中的一种，因其形式精短，难成体系，故常常被视作不入主流的杂学一类，好比《红楼梦》中的贾政就认为宝玉专擅对联乃是一种"歪才情"。但千百年来，楹联仍以其雅俗并赏的艺术魅力和美化建筑的实用性活跃在大众社会生活中，正如向义《论联杂缀》中道："联语于文学上，虽属小道，但上至庙堂，下迄社会，以及名山胜迹，吉凶庆吊，均不可少。足见用途之广，自有可以成立之质干，故能历劫不磨。"

匾额，又作扁额，亦单称匾或额，即于宅邸、堂榭、亭台的门户之上所题之横额。匾额悬挂的位置通常很显眼，恰如人的额头一样，是建筑物"门面"的重要组成部分，用于昭明地名或该建筑物的名称，亦可点景抒情。匾额与楹联相辅相成，通常来说，二者在内容上需要相互呼应，楹联为匾额的补充说明，匾额乃楹联之提炼总结。

现今，楹联与匾额早已超出了装饰物的范畴，成为承载深厚文化和历史信息的瑰宝，在文学作品中，它们更寄寓着作者的思想和情感。《红楼梦》作为一部蕴含无限宝藏的伟大作品，

在这一方面自然也毫不逊色。正如学者詹丹指出："由于《红楼梦》对生活的广阔和人物思想情感的丰富有着极为忠实的记录和富有想象力的刻画，使其呈现百科全书般的样态，真正实现了所谓的'文备众体'。"[1]楹联匾额作为其包含的"众体"之一，虽总体笔墨不多，但也是其耀眼夺目的一束光。

一、园外之联多见哲理之思

在《红楼梦》的故事中，大观园内与大观园外是两个截然不同的世界。大观园内是宝玉与众女儿的乌托邦，而园外则是污泥浊水的现实世界与孽海情天的神话世界。是以体现着作者对于人生与社会之思考的楹联多出现在大观园外。

《红楼梦》第一回便出现了全书的第一副楹联，原文道：

> 士隐接了看时，原来是块鲜明美玉，上面字迹分明，镌着"通灵宝玉"四字，后面还有几行小字。正欲细看时，那僧便说已到幻境，便强从手中夺了去，与道人竟过一大石牌坊，上书四个大字，乃是"太虚幻境"。两边又有一副对联，道是：

> 假作真时真亦假，无为有处有还无。

作者简介：曾刚，上海市董恒甫高级中学高级教师。

这副对联在书中共出现两次,第一次便是上述"甄士隐梦幻识通灵"之际,第二次则是在第五回宝玉梦游太虚幻境之时。甄士隐一生享尽荣华,最后家道变故,遁入空门,这是甄士隐一生的最终归宿,宝玉后来见到这同一副楹联,这不是无意重复,而是作者有意暗示:在某种意义上说来,甄士隐的遭遇和归宿就是本书主人公贾宝玉人生历程的缩影。

这副楹联字面上的大意即:若把假的当作真的,真的也便成了假的;若把无作为有,有便也变成了无。但作者想借此联表达的深意是:当世人把许多能感召心灵的真善美当作假物看待时,便会将麻痹众生的假丑恶当做真的来看待。这世上充斥着虚情假意,但人们逢场作戏,不停地扮演种种不同的角色,惯于把假言假语当作真实,先感动自己,再感动他人,真情实意反被忽视,被当成虚假。又或者,真和假本就是没有界限的同一回事,在特定条件下可以互相转化,功名利禄、爱恨情仇,皆如水月镜花、过眼云烟,权倾朝野、富贵荣华,犹如南柯一梦,没有永恒的存在。

再有第二回中,贾雨村当上知府未满一年就被革职。心中虽然惭恨,表面仍嬉笑自若,将历年做官积累的钱财并家小安排回原籍,自己担风揽月,游览天下胜迹去了,后来又到扬州林如海家做了林黛玉的老师。一天偶游郊外,在破庙智通寺的门前看到这副对联,原文道:

　　这日,偶至郭外,意欲赏鉴那村野风光。忽信步至一山环水旋、茂林深竹之处,隐隐的有座庙宇,门巷倾颓,墙垣朽败,门前有额,题着"智通寺"三字,门旁又有一副旧破的对联,曰:
　　身后有余忘缩手,眼前无路想回头。
　　雨村看了,因想到:"这两句话,文虽浅近,其意则深……"

"身后有余",即指所聚之钱财相当之多,即便在自己死后仍有剩余,足够养家,但是那双伸出去的贪婪之手还是忘了缩回来,正如许多贪官污吏,他们的财富积累堪比几代人之辛劳的集合,却依旧沉湎其中,不肯收手,贪欲已经使他们堕入魔障。当一个人被这种疯狂的

欲望控制,实际上便已经走向无法回头的道路,疯狂的贪婪终将使他们毁于一旦。

正如贾雨村所想的那样,此联"文虽浅近,其意则深",它直指人性中的贪欲,是对那些在名利场上不断追逐欲望的人的嘲讽和警示。在《红楼梦》中,因贪婪二字断送自己人生的远不是"因嫌纱帽小,致使锁枷扛"的贾雨村一个,贾赦、贾琏、王熙凤之流又何尝不是在得势时恨不得把一切能到手的东西都据为己有,直到弄得家败人亡才不得不罢休呢?实际上,整个四大家族的兴衰荣辱都跟"贪"字有极大关系,如果能稍加节制,细细体会秦可卿托梦时"月满则亏,水满则溢"的道理,何至于"好一似食尽鸟投林,落了片白茫茫大地真干净"的结局?这副楹联折射出了作者对社会的深刻洞察和对实际生活的广泛了解。没有作者丰富的人生经历和对社会状况的深入了解,这样的深含哲理的楹联是难以创作出来的。

还有第五回写荣宁二府女眷赏梅,并举行家宴。宝玉席间困倦,想睡个午觉,被秦可卿领到宁府上房,这里也有一副楹联,原文道:

　　当下秦氏引了一簇人来至上房内间。宝玉抬头看见是一幅画贴在上面,画的人物固好,其故事乃是《燃藜图》,也不看系何人所画,心中便有些不快。又有一副对联,写的是:
　　世事洞明皆学问,人情练达即文章。
　　及看了这两句,纵然室宇精美,铺陈华丽,亦断断不肯在这里了,忙说:"快出去,快出去!"

宝玉为何如此厌恶与反感?因为"燃藜图"讲的乃是一则劝学的寓言:西汉时,学者刘向在天禄阁每天专心致志地校注古籍,精益求精。一天夜晚,有个身穿黄色衣服、手拄青色藜杖的老人出现在刘向的阁楼,他见刘向正在墙角处独坐读书,于是就用嘴吹藜杖头,顿时火光通明。老人借着火光坐在刘向旁边,讲起开天辟地以前的事情。刘向到这时才了解《洪范五行》的内容,又唯恐词句纷繁、内容庞杂,于是撕下衣裳和衣带记下他的话。直到天亮老人才飘然离去。刘向问其姓名,老人自称是太乙之精(神仙)。而

这副楹联亦是一副劝学之联，大意即：明白世事，掌握其规律，这些都是学问；恰当地处理事情，懂得道理，总结出来的经验也是文章。一图一联，皆是指向仕途经济之路的，而宝玉向来是"潦倒不通庶务，愚顽怕读文章"的，故"纵然室宇精美，铺陈华丽，亦断断不肯在这里了"。

宝玉作为全书的主角，寄寓着作者对于封建社会的痛恨与批判，因此被赋予了不事读书，厌恶禄蠹的"封建逆子"形象。贾府是寄希望于贾宝玉荣宗耀祖的，盼望他在仕途上能飞黄腾达。宝玉无志去"修身齐家治国平天下"，所以一遇到这类说教或暗示，就受不了。湘云曾劝他"会会为官做宰的人们，谈谈讲讲些仕途经济的学问，也好应酬事务，日后也有个朋友"；他当时就拉下脸来赶她走，并讥刺她："我这里仔细污了你知经济学问的"。后宝钗用同类话劝他，他也立即给她以难堪，深以为"好好的一个清净洁白女儿，也学的钓名沽誉，入了国贼禄鬼之流"，可绝对的清净洁白就一定是正义吗？我们常说，贾府败亡的一大祸因是府内男丁都毫无作为，有的沉迷修仙、有的供养清客、有的沉湎女色，却时常认为宝玉是无罪的，但他对经济仕途的所有事项一概全盘否定，不也加速了家道的衰落吗？即便是那人情练达，世事洞明，宝玉亦远不如身边的一干姊妹，如探春，既能理家时开源节流，革除宿弊，又能于抄检时发出"百足之虫，死而不僵"的警语，宝钗亦能"小惠全大体"，为整治大观园出谋献策，照顾家族生意，依贴母怀，为母分忧。这样一对比，高下立判，而这也正是宝玉对"人情练达，世事洞明"的无视与鄙夷，使得他最终落得"寒冬噎酸齑，雪夜围破毡"的结局。

"世界上只有一种真正的英雄主义，那就是在认识生活的真相后依然热爱生活。"能在平凡困苦的生活中开出花来，无论多难都能向阳活着，无论多富依然能够不忘初心，淡然自若，遇事处变不惊，洞察一切，不以物喜，不以己悲。无论在什么时代，我们总是会面临着来自大环境的压力，但个体也总是有积极生活和自主选择的能动性，或许"人情练达，世事洞明"才是真正智慧的生存之道。

同是第五回中，宝玉对宁府上房的图画与楹联感到厌恶，于是被带到秦可卿房中睡觉。

梦中，警幻仙姑带她游历太虚幻境，幻境里除了上文提过的"假作真时真亦假，无为有处有还无"一联外，宝玉还见到了另一联：

> 转过牌坊，便是一座宫门，上面横书四个大字，道是："孽海情天"。又有一副对联，大书云：
> 厚地高天，堪叹古今情不尽；
> 痴男怨女，可怜风月债难偿。
> 宝玉看了，心下自思道："原来如此。但不知何为'古今之情'，何为'风月之债'？从今倒要领略领略。"

此联大意即：天地深厚，可叹前生今世的情没有尽头；痴心男女，可怜真情挚爱的债难以偿还。太虚幻境乃是"司人间之风情月债，掌尘世之女怨男痴"之所在，故称之为"孽海情天"倒也恰当，而两旁的楹联，正是作者想要告诉世人：人世间男女情爱无处不有、无时不在，难以割舍，但情债永远无法偿尽，最终都不过是"由情生孽"。《红楼梦》虽主线众多，但大旨谈情，荣府内外大大小小无数个情感纠葛，最终大多都如肥皂泡一般破灭。在作者看来，一切不过是痴男怨女在孽海情天中相互折磨、自作自受罢了。

二、园中之联更显实用之趣

大观园是作者为宝玉与众女儿打造的圣洁之地，在这里没有尘世间的纷扰，没有名利场的污浊，只有一群天真无邪的少男少女与恬静的时光。故园中建筑的楹联，作者并没有附加沉重深刻的哲理，而是与环境和建筑相搭配，体现着实用之趣。

小说中集中展示大观园里楹联的文段是在第十七回《大观园试才题对额　荣国府归省庆元宵》和第十八回《隔珠帘父女勉忠勤　搦湘管姊弟裁题咏》中。这时大观园（最初叫"省亲别墅"）已基本落成，只差各处亭台厢房的匾额楹联需要题写，贾政便领了众清客前去，中途遇到宝玉，因闻得代儒称赞他专能对对，虽不喜读书，却有些歪才，所以此时便命他跟入园中，意欲试他一试。入园后，宝玉为各处一一题匾作联，贾政虽嘴上总称不好，心里其实也觉得宝玉题得不错。元妃省亲后，各处匾、联无甚大改动，基本维持着宝玉的原意，也可见宝玉题写的水平不凡。

进入大观园后映入眼帘的首先是座三孔石桥，横跨在碧溪之上，此桥四通八达，是出入大观园的必经之路，桥上有亭，曰"沁芳亭"，其楹联乃是"绕堤柳借三篙翠，隔岸花分一脉香"。此联是写"水"的，但妙在不着一个"水"字。三篙：指水的深度。一脉：指溪流。上联写沁芳溪水光碧绿，就像是借来了岸边垂柳的翠绿；下联道溪水芬芳，就像是一脉之水，隔开了两岸鲜花的香气。对联字里行间都充满了水。绕堤之柳离不开水，这是借"绕堤""隔岸"反衬溪水；"三篙"乃是从水上之景写到水下之深，这是借"三篙"反衬水深。沁芳亭是筑在沁芳桥上的，而桥两旁又有较为宽阔的水域，两岸花木繁盛，香气袭人，故虽然被溪水隔开了两岸，花香仍然一脉相传，好像未被分割似的，贴切地写出了"香氛"式的水景。"借"在这里是互借，既是柳枝借水显得更青翠，又是水得到柳的倒影增添了美景。"分"更夸张地说明花香浓郁。不见此亭，但见此联，便已能想象到花、树、水三者的互相照应，而此联正于此景之中，更为一幅柳映溪成碧、花落水流红的画面添上了精彩的一笔。

下了沁芳桥，便是潇湘馆，匾额为"有凤来仪"。这是元春省亲第一处行幸之所，亦是黛玉后来的住处。此处的楹联为"宝鼎茶闲烟尚绿，幽窗棋罢指犹凉"，宝鼎：指煮茶用的炊具，之所以将鼎炉称之为宝鼎，是为了与匾额中的"来仪"在气氛上达成一致。茶闲：茶罢。烟：指煮茶时所冒出水的水汽。棋罢：即棋局结束。上联的大意为宝鼎已经不再煮茶了，但室内还飘散着绿色的蒸汽；下联则言棋局已罢，但手指却感到一丝凉意。此联则妙在不言绿竹，而尽写绿竹：不难猜出，绿色的蒸汽是由翠竹遮映所致，凉意也是因浓荫生凉。这其实是一种模糊性的表达，处于室内，却感到竹影摇曳，因室外的翠竹之绿，误以为室内茶烟尚绿；因室外的竹荫生凉，而室内主人则感觉手指之犹凉。这是视觉形象与触觉感知的融合。我们只有层层剥开品味，才能找到隐藏在字里行间的园林植物。在似与不似之间，这副楹联就把潇湘馆内的主要植物竹子深深印在人们的心中了。

藕香榭在大观园中的存在感虽不如主人公常出入的怡红院、潇湘馆等，但也是一座十分有特色的建筑。原文提到："原来这藕香榭盖在池中，四面有窗，左右有曲廊可通，亦是跨水接岸，后面又有曲折竹桥暗接。众人上了竹桥，凤姐忙上来搀着贾母，口里说：'老祖宗只管迈大步走，不相干的，这竹子桥规矩是咯吱咯喳的。'"可见藕香榭是一座完全被水包围的建筑，故其楹联也包含着各种层次的"水"元素。首先，其在形式上就有所创新——是黑漆嵌蚌的，巧妙糅进"蚌"这种来自水边的元素。其对联是："芙蓉影破归兰桨，菱藕香深写竹桥。"芙蓉：指水芙蓉荷花。兰桨：木兰制的桨，这里用来代指小船。芙蓉已谢而菱藕已经熟透，明确写出此景是深秋美景。上联"破"字传神——荷花在水中的倒影破碎了，方知有小船归来。这是由影动而写到行船。一般来说，水的动态、静态是通过水流本身而体现的，而藕香榭的动与静却是通过楹联的题点来体现的，通过影动写水动。下联以"香""深""写"三字见功夫。从来只闻荷花香，这里却言"菱藕生香"；"深"使景致有深度、有距离；"写"说的是此处架着竹桥，像画上去的一样。楹联蕴含了多个与水相连的元素——荷花、菱藕、竹桥、小船，所有元素最终汇聚于水的怀抱之中：水面倒映着婀娜多姿的荷花，深处隐藏着茂盛的菱藕，竹桥摇曳于水面之上，而小船则平稳地行驶在水中……如此编排的楹联为水景赋予了更加丰富的层次感，蕴含着无尽的美好情趣，与被水环绕的藕香榭极为相称，绝妙之极。

通过对《红楼梦》的分析可见，楹联与匾额在建筑的布局中虽总体占用的空间不多，却是建筑物的点睛之笔。它们悬于宅门则端庄文雅，挂在厅堂则蓬荜生辉，装点名胜则古色古香，描绘江山则江山增色。简短的字句虽然寥寥数语，却蕴含着丰富的文化内涵和情感。每一块匾额都是历史的见证，它们如同时间的窗口，让人们能够穿越时光，感受不同时代的风貌。❖

参考文献：

[1] 詹丹. 从《红楼梦》语体问题切入"文备众体"研究[J]. 河北学刊，2020（1）：107—111，127.

东亚筷箸研究的物质视野和文化视野

——解读石毛直道的筷勺研究

何 彬

摘 要：文章指出筷子是餐饮工具之一，也是传统筷箸文化的承载物。关注作为餐桌上的文化符号的筷箸起源、历史流变和今日发展之外，研究者们还关注近邻诸国餐桌上的筷子承载的各种文化信息。运用比较研究的手法使人们加深对自己文化精粹的把握，通过对比看到各自筷箸使用习俗之异同。日本食文化研究巨匠石毛直道先生《筷子与勺——论东亚饮食文化的共性与多样性》一文论及中日韩三个使用筷子的国家构成东亚的"筷子文化圈"的面对世界和相互对视时的不同特征，以独到视线指出筷食和生活道具的关联、碗筷使用规范与餐具、餐桌相关等出自物质文化研究视角的论点。

关键词：石毛直道；筷子；食具；东亚；中日韩

筷子不仅是餐饮工具，它还是传统筷箸文化的承载物和餐桌上的文化符号。近年来我国从文化角度进行的筷箸研究有了极大发展。组织方面有隶属于中国民间文艺家协会的筷子文化专业委员会和上海筷箸文化促进会；文字研究方面有筷子文化概论、筷子文化史和筷子词典以及面向青少年的筷箸文化教材等成果相继问世。

在关注筷箸起源、历史流变和今日之发展之外，研究者们还把视野扩展到海外，关注并研究近邻诸国餐桌上的筷子作为文化符号承载的各种文化信息。扩大视野、运用比较研究的手法研究的结果，使我们加深了对自己文化精粹的把握，也通过对比看到了各自筷箸使用习俗异同。

石毛直道先生是日本食文化研究巨匠。他常年关注世界各国的饮食，运用考古学、农学、人类学、社会学等多学科视角，首次提出"食文化"定义和食文化研究是多学科多角度的学科等食学研究的重要概念，也对餐桌和食具展开研究。2023 年 8 月，笔者收到石毛直道研究室发来的一份文档《筷子与勺——论东亚饮食文化的共性与多样性》[1]（以下简称"筷文"）。文中重点论及了中日韩三个吃饭使用筷子的国家所构成的东亚"筷子文化圈"。筷子文化圈的各个国家面对世界时显示出他们具有使用筷子的共性。但是，筷勺并用与否以及食具和用筷礼仪等又显示了三个国家有同有异。论文独到的视线在于关注筷食和生活道具的关联（铭铭膳）、碗筷使用规范与餐具（高桌子、木饭碗、金属碗筷）相关等研究物质文化的视点。读后感到这篇论文对今日深层挖掘筷箸的文化历史和内涵，进一步拓宽筷箸文化研究视野仍有参考价值。以下解读这篇论文，借助文中多角度对东亚地区食具的筷子、勺的观察分析的认知，为我们自己进一步深化筷箸文化研究、拓宽分析中日韩三国筷箸研究视野提供几点参照值。

一、石毛直道先生

石毛直道（いしげなおみち，ISHIGE Naomichi），是日本食文化研究著名学者，东京

基金项目：本文系北京联合大学北京学研究基地开放课题（项目编号 BJXJD-KT2019-YB02）的研究成果。

作者简介：何彬，南京农业大学人文与社会发展学院教授，东京都立大学名誉教授。

农业大学农学博士。他曾走访世界100多个国家和地区，调查研究了全球植物、农业、畜牧业分布区域的特征和农产品、肉产品、乳产品及各种食品的生产、加工、保存、销售和食用体系等，以广阔的视野去关注和论述人类饮食行为的文化意义。

石毛先生积极推进饮食文化研究、从文化角度研究饮食，为使其形成独立的研究领域做出了卓越贡献，先后获得日本民族学会奖、日本生活学会研究奖励奖、大阪市民表彰奖、大阪文化奖以及政府授予的"文化功劳者"称号等多个奖项。

石毛直道是较早研究中国饮食的学者之一。他关注中国文化，有资料统计他走访中国达30多次，是其走访次数最多的国家。他去过上海、扬州、南京、重庆、北京、德州、广州、珠海等十几个城市，从豪华饭店的西餐厅到工厂职工食堂和普通人家的家常便饭，体验中国人的日常生活，撰写了多篇有关中国饮食文化的论文。

中国也十分重视石毛先生对中国饮食文化的研究，他的多部著作和论文被先后翻译介绍到中国。2016年他受邀担任中国食文化研究会名誉顾问，同年8月在北京成立了原隶属于中国食文化研究会民族食文化委员会的"石毛直道研究中心"。日本新闻报道说，这是第一个海外研究石毛直道以及他倡导的食文化研究的机构。2003年石毛先生退休后设立"石毛直道研究室"，继续食文化调研和执笔食文化研究。

石毛直道先生研究食文化著述的特征之一是具有广阔的地域视野和历史视角。他从地域角度追踪食文化的特色和历史流变，详细阐述了日本"家庭餐桌风景100年""家庭料理100年""饮料100年"的变迁，纵向探究日本饮食文化今昔。《筷子与勺——论东亚饮食文化的共性与多样性》是他在比较的视野下对东亚地区主要食具之一的筷子与勺所做的比较研究。①

二、"筷子文化圈"

中国、日本、韩国都位于亚洲东部，相接相邻构成"东亚"主体，餐桌上使用相似的食具

筷子，形成了"筷子文化圈"。东亚地区文化有共性，也有国别特性。石毛指出，东亚研究有一种寻找数不胜数的共性要素的倾向。人们习惯在"讨论东亚社会、文化时，例举该地区共同文化元素，用汉字文化圈、儒家文化圈等概念来解释东亚地区共性的研究为多"。而观察东亚饮食、筷箸文化的重点应该首先认识各自文化的特性："在食文化方面，重要的是首先要认识到基于多样性文化传统的文化个性，才能在与世界其他地区比较时确认东亚的共性并研究这种共性的意义。"面对世界时，要强调东亚的共性特征；研究东亚地区时，则要着重关注文化传统显示出的文化个性。食文化研究的着眼点，是面对世界的共性和地区内部的个性，研究角度要分为从世界看东亚的食文化和在东亚地区看东亚的食文化。同一个研究对象，变换一下角度，则研究侧重点就会相异，就会有新的发现。

"筷文"具体指出，吃饭使用筷子这一点东亚是相同的，基本都是使用筷子夹取食物运送到嘴里。从广角视野看待围绕吃饭使用筷子的思维方式、行为习俗等形成的诸多相似的特征，可以发现这些特征是构成"筷子文化圈"的要素。具体观察筷子和勺的使用组合，则可以看到中国、朝鲜半岛和日本之间呈现出的差异。朝鲜半岛的筷子和勺配套使用，二者都是吃饭不可缺少的食具。朝鲜半岛可以用筷子吃米饭，不过更经常用勺子吃。勺子不仅用来喝汤，还用来舀食多汁的辣白菜。中国常见陶瓷的汤匙，但只是用来吃粥或炒饭等不易用筷子夹起的饭食，米饭通常是用筷子。而日本不论吃什么都用筷子，传统上的日本饭菜没配备勺子。

1. 中国的筷与勺

中国筷箸起源众说纷纭，可归纳为三种起源说：新石器时代说、商纣说、春秋战国说。[2]"筷文"指出筷子是最早始于中国的食具，勺子发现于新石器时代，筷子是从殷代开始普遍使用的。借助考古发掘得知西汉末期筷子和勺放在一个容器里，可推断筷子和勺约在西汉末期开始配套使用，用筷子夹取副食和汤菜，用勺把饭送到嘴里。

① 本文分几个小节叙述，是笔者根据解读"筷文"的需要进行的划分。

青木正儿①从考古学角度研究中国食物。他论证古代至唐代的正规饮食礼仪是端起饭碗或汤碗吃饭、喝汤。汤是用嘴沿着碗边啜饮的。因此，中国古代的勺多是扁平形状，不适宜舀液体。在长期的中华文明中心的中原地区，小米和黍子是主食，有时用来煮粥，更多是蒸熟食用。蒸熟的小米、黍子不糯黏，很难用筷子夹食而适合用勺子吃。后来南方大米运到中原，中原也常吃大米饭了，不过那时主要是不糯黏的籼稻。华北传统的煮饭方法，是将大米煮沸后捞出大米再次加热蒸熟。原本不黏的大米被蒸成更松散的米饭，这种米饭也适合用勺子舀着吃。

据青木正儿考证，长江下游种植糯黏性稻米。长江下游地区的居民常年用筷子吃这种糯黏的米饭。明朝兴起于长江下游，②明朝时期人们普遍用筷子吃饭。明代不再使用勺子吃饭，这与主食的食材种类和主食的烹饪技术相关。

"筷文"运用考古、农作物学、地理学的资料，论证指出筷子与勺的功能，其配套使用与食用的大米特性密切关联。明代开始基本餐桌上不见勺子，不单单归咎于历史的变迁，而是从大米加工、烹调方法以及食材（大米品种）变化追踪食具的变化原因。大米饭的糯黏度对食具的需求度决定了用筷子或用勺。从主食特性看筷勺的使用需要与否，从主食状态和米饭糯黏度看人们对食具的筷或勺的需要度。这是农学博士看食具的着眼点。

2. 日本的筷与勺

"筷文"指出政权意识形态会影响到生活方式。曾经的日本国崇拜唐朝文化，正式的宫廷按照礼制用餐时使用筷和勺。而后自立思潮和武士政权助长了自我中心意识，表现在废除筷勺并用的礼制形式，吃饭只用筷子。勺子是仿照中国的制度作为朝廷饮食礼仪使用的食具，并不是日本日常用餐不可或缺的食具。贵族等上流阶层的正式宴会上一直模仿中国的制度，筷勺并用。这样的进餐方式持续到公元12世纪。百姓只用筷子吃饭，有图像描写上流阶层在家里用餐，也只用筷子不用勺。

一般认为日本的上流阶层从7世纪开始用筷子吃饭，考古发掘的结果揭示筷子在8世纪才逐渐普及。从平城宫政府办公所在地废墟考古发掘出筷子，证实当时筷子已经用于官员们的集体用餐。但考古结果没有从平城京的百姓生活区域发现筷子，有人解释这是因为当时筷子刚开始使用，官员们在工作场所用筷子吃饭，回家吃饭还是手食。

公元10世纪，日本停止了与中国的正式外交关系。国内贵族没落，武士政权出现，宫廷宴会也不使用勺了。日式喝汤，把热汤盛放在木碗里，用手托起木碗，把嘴放在木碗边，就能把液体倒进嘴里。历史上的日本餐桌，筷子是上班吃饭使用的食具，宫廷宴会按照中国礼制，餐筷＋勺的形式进餐。而家庭基本是手食或手食加筷子食，没有勺子。

3. 朝鲜半岛的筷与勺

朝鲜半岛从523年修建的百济武宁王墓里出土了青铜筷子和勺。高丽王朝也是筷子勺配套使用。在今日东亚，只有朝鲜半岛用勺子吃米饭。

为什么朝鲜半岛一直保持用来自古代中国的勺吃黏度较高的米饭？"筷文"引用已故韩国食物史研究家李胜宇博士的观点，认为这归因于朝鲜王朝崇尚儒家思想。李胜宇博士解释说，虽然中国古代吃脍和吃狗肉的习俗在中国已经基本消失，朝鲜半岛却一直延续到今天，其原因在于那是孔子也吃过的食物。用筷子＋勺吃饭的惯习以同样的理由在朝鲜半岛被保留下来。

《筷子概论》记述中国研究者近年在韩国考察时，听到韩国人将筷子与勺（匙）的功能解释为"筷子用来夹菜，匙用来吃饭。如果用筷子吃饭，会被长辈呵斥，认为是不礼貌"。[3]这个关于韩国用勺吃饭的记述，同样认为朝鲜半岛筷子与勺并用、筷子夹菜勺子舀饭的分工是出于继承儒教礼俗传统，是出于传统的"礼貌"。

三、碗、筷和勺的礼仪异同

1. 三国概观

按照朝鲜半岛的用餐礼仪，人们不用手端

---

① 青木正儿，（1887—1964），日本的中国研究者，研究中国古典文学、中国食文化和风俗习惯等。

② 长江下游，一般包括江西省以及浙江的部分地区，安徽省、江苏省和上海市。明朝初期建都在今日江苏省南京市。

起食器吃饭。在日本社会，用手端起饭碗吃饭不会被认为是没礼貌。反而是饭碗和汤碗放在桌子上俯身去吃，会被认为是不礼貌的。据说，朝鲜半岛的人最初看到日本人的端碗吃饭，说那是"乞丐吃饭"。

在现代中国，放在餐桌中央的大盘或大汤盆不端起来吃，而是每个人用自己的筷子夹取自己吃的分量，放在每个人面前的饭碗和汤碗后，可用手端起来吃。中国筷子之所以比朝鲜半岛和日本的筷子长，大概是因为不是每个人单独一份饭菜，人们要用较长的筷子从共用食器里夹菜给自己。

2. 中国古代

"筷文"从观察用餐的饭桌或托盘的变化入手，指出生活平面的变化是从单人用餐到多人围桌用餐和筷子长度变化的原因。

汉代画像石上的宴饮图描写中国古代的人们坐在铺在地面的席垫上，面前放着单人用的有脚托盘的"案"，或者无桌腿的托盘形的单人饭桌。使用单人饭桌的用餐方法是当时的主要进餐方式。

唐代经丝绸之路从西方传入桌椅，坐在椅子上围着桌子吃饭和在床上睡觉的习惯开始普及。中国人的生活平面从房屋地表的高度转变为椅子和床的高度。从唐代后期开始，多人坐在椅子上围着高桌吃饭的形式开始流传开来。可以认为随着餐桌的这种变化，形成了在餐桌中央放置大盘副食，人们伸出筷子去夹取副食，主食和汤分盛在个人食具里的饮食形式。

"筷文"关注到多数人一起吃饭的场景和餐桌的制式，由此推导出高桌椅形成的围桌而坐吃饭形式导致个人餐转化为多人同时用餐。适应多数人围桌吃饭的用餐方式需求，出现大盘盛装副食、个人按需各自夹取到自己饭碗里的共餐形式，也是决定筷子长度的要因。

解读者补充：中国传统社会宗族制度下的大家族共同生活形式是围桌（历史上曾经围坐在低低的小饭桌）进餐形式形成、延续的中国文化要素。按辈分围坐在桌子旁，一家人大大小小坐在一起吃饭，是多子多福的大家庭生活幸福观的表现方式和人们追求的幸福观的表现，是围桌吃饭、手持主食饭碗、用筷子夹取餐桌中央的副食这种进餐模式形成的历史性、社会性因素。

3. 餐桌高度与礼仪

朝鲜半岛经常使用金属餐具，中国和日本很少使用，这和端起食器吃饭的行为习惯有关。如果把热食放在金属食器里，就很难用手端起来食用。

朝鲜半岛和日本，传统上不用桌椅而是用小饭桌，饭桌的高度不同。朝鲜半岛使用较高的饭桌，因为朝鲜半岛吃饭时不能端起食器，所有食物都要用筷子或勺子送到嘴里，饭桌必须适度地高一点。而礼法上允许用手端起所有食器的日本，餐桌矮一点也没有关系。

4. 朝鲜半岛的围桌而食

李盛雨博士介绍朝鲜半岛的三国时期有三种类型的饭桌：一种是无桌脚的单人餐托盘，一种是单人用的食案，还有一种是高句丽壁画中可以看到的坐在椅子上吃饭时的餐桌。从坐在地板上吃饭变化到饭桌的出现，可能是受高丽王朝时代暖炕普及的影响。独床，和后文讲述的日本个人进餐类似，每个人分发一份饭菜单独进食。也有多人围着叫作"兼床""周盘"的桌子吃饭的进食方式。这和现在的中国一样，是在一个大食器里盛放副食，大家围坐在一起吃。

5. 用餐与家庭秩序

日本从8世纪开始，直到20世纪上半叶矮脚饭桌普及之前，传统的进食方式一直是将食物放在个人用的小饭桌"铭铭膳"或者个人用的长方形木制托盘"折敷"里。日本的传统饮食习惯通常是全家人在一个房间里用餐，各自吃自己的饭菜。吃饭时有"家庭内长幼尊下之序"，如年长与年幼之别、男女之别，但一家人会坐在一起吃饭。

新中国成立以前，中国家庭的男女要分开吃饭。首先，大家族的男性聚集在餐厅吃饭，接下来是女性以及没有母亲帮助就吃不了饭的男童吃饭。

朝鲜半岛的贵族阶级"两班"重视儒家道德观念，餐桌上有男女之分、代际之别。家庭主妇先给公婆送饭食，然后去上房服侍丈夫进餐。接下来在家族全体男性用餐的房间摆饭菜、给家族女性用餐的房间摆饭菜，一家人吃完后，主妇一个人吃饭。一般民众家里吃饭并不依照辈分原则男性、丈夫和孩子分开吃饭，但男女要分开用餐。

四、食具归属化·食具观与筷子

1. 食具归属

18世纪以来日本流行"箱膳"，食物的台子是一个盒子，内放用餐者专用的配套食器和筷子，盒盖翻开就可作为桌面进餐。使用这种套装食器的原因，是出于每个人使用的餐具和筷子是专属的，即使在家庭内人们也不共享餐具的习俗。这个习俗出于污秽观念和不净观，一个人嘴沾过的餐具会带有那个人的个性，其他人再使用这个餐具就会有变成那个人的人格的危险。因此，日本社会开始在外出就餐时使用一次性筷子（历史上曾有外出吃完便当后折断自己用过的筷子之习俗，也是这个原因）。餐桌上放有称为取菜筷的公用筷子，用于从大盘子里给个人夹取菜肴。它们是不属于任何人的共享性的、中性的筷子，仅用于分离或夹取大盘里的食物，不会碰到任何人的嘴。

朝鲜半岛，人们使用的筷勺和饭碗、汤碗固定属于个人，但是可以用自己的筷子夹取其他共食食器里的菜肴，这不属于没礼貌。中国基本上食器和筷子是共用的，没有区分个人的碗、筷子。

这段记述解释了一次性筷子起源于不净观，但现在社会的一次性筷子是饮食商业化带来的卫生观念。筷子的专属性，源起于人们认为食具和灵魂可以相交的观念。曾经的饭桌中央摆放大盘副食，围坐一起的家人们用自己使用的筷子夹取菜肴的行为，被扩大使用到商业化、一般社会化。在经历了几次大规模公共防疫之后的中国，"公筷"虽然不带有信仰上的功能，但它在宴请或会餐场合的使用被义务化、普及化了。今日的公筷，在归属上依然是不属于任何人的共享性的、中性的筷子。

2. 共性与多样性

东亚在食文化方面共同点很多，关注和研究这种共性中的多样性，是推进东亚食文化研究发展的必要的基础。以筷和勺为例便可以看到东亚三国之间的差异。尽管存在多样性，我们仍然可以看到筷箸文化圈的共同元素，食材

都被切成可以用筷子夹起的形状和大小再去加工，这是显示在烹饪加工技术方面的共性。

东亚是开发出在餐桌上边烹饪边吃的火锅的地域。用手不能从热锅里捞取食物，用刀叉吃火锅也有困难。如果我们论及火锅食材和烹饪方法的种类，我们将讨论中国的涮羊肉、朝鲜半岛的神仙炉、日本的寿喜烧，话题将转为探讨东亚的多样性。而在世界范围内比较研究时，则讨论东亚是世界火锅料理最普及的地区、分析他们的共性所在。

五、结语

以上，我们解读了石毛直道的论文《筷子与勺——论东亚饮食文化的共性与多样性》，分析了该文对东亚地区筷子、勺、餐桌的关联和家庭形式与家族用餐形式、食具与人格观念的认识和基本观点。"筷文"最后从东亚食具研究点出主题，东亚的食文化在内部具有各自的特性和差异，即多样性，而在研究世界角度的食文化时，东亚的食文化首先呈现出此地区的共性。这也阐释了此论文题目，从食具的筷子和勺角度提示东亚地区饮食文化是既有共性又有多样性的。

对一双细小的筷子的研究，可以从餐桌高矮形制、家庭内权力秩序、儒教观念和食具质地等多角度把握食文化、食具的深层特性。同样使用筷子，仔细观察则可看到个性和东亚地区的共性。借用筷箸这一物体，可逐步扩展开去，更深、更广、更多面化地充实东亚地区的筷箸文化研究。

仅以笔者微薄之力读解"筷文"，目的是希望能够借他山之石，助力我国的筷箸研究发展出更宽阔的视野和多角度的研究，期待我国的筷箸研究收获新成果。❀

参考文献：

[1] 石毛直道.筷子与勺——论东亚饮食文化的共性与多样性[C].东京理科大学二村基金事业委员会.日本与日本文化（第四集），1998.

[2][3] 徐华龙.筷子概论[M].哈尔滨：黑龙江人民出版社，2019：21.

传读文妙法　育国学新花

——唐调传人萧善芗先生访谈

受访人：萧善芗　采访者：杜亚群

"唐调"因国学大师唐文治先生而得名。唐文治先生字颖侯，号蔚芝，晚号茹经堂主，一生经历晚清、民国、新中国三个时代，是中国近代史上著名的政治家、教育家、经学家、吟诵家。唐文治先生以桐城派"阴阳刚柔""因声求气"理论和曾国藩"古文四象"学说为基础，结合文体分类，经过不断研究实践，融会贯通创出一套别具特色的吟诵古诗文方法，自称为"读文法"，流传甚广，影响深远，被传习者尊为"唐调"，享有"近现代吟诵第一调"之美誉。

民国时期，唐文治先生兴办学校，先后执掌上海高等实业学堂（今上海交通大学、西安交通大学的前身）和无锡国学专修学校（简称"无锡国专"），大力提倡"读文法"。不仅亲自开设读文法课程，在教授《诗经》《论语》等课程时也常示范读文[1]。高效的读文方法使国专学生记诵了大量古文，获益匪浅。当时，每一位国专学生少则能熟背百篇，多则"能背诵长篇古文五六百篇"，"环顾当时文科大学，确是罕见的"[2]。坚持实践读文法，或许是国专短短30年历史中，得以培养出大批优秀国学人才的重要原因。

萧善芗先生是唐文治先生无锡国专（沪校）女弟子，唐调重要传人，今年98岁。2022年1月，由先生向徐汇区政府递交的"唐文治先生读文法（唐调）"非遗项目，成功列入徐汇区政府第十四批非物质文化遗产代表性

项目名录。笔者随先生研习唐调十年，协助先生实现申遗心愿。今通过访谈，记录先生唐调传继之路，一探唐文治先生读文法（唐调）之奥秘。

一、在无锡国专（沪校）承学唐文治先生读文法（唐调）

杜亚群：萧老，您的外祖父是秀才，曾担任晚清状元张謇的账房先生。他平时喜欢写诗吟诗吗？您的吟诵是不是有家庭熏陶的影响？能具体说说您学习吟诵的经历吗？

萧善芗：我外祖父是秀才，很会作诗吟诗，闲暇时经常喜欢吟诗，我常常听得津津有味。但不知什么原因，我小时候特别喜欢哭鼻子，祖父就作了一首诗笑话我是"哭作精"，我听了很不高兴，就不愿跟他学吟诗了。所以，我的吟诵实际受家庭影响不多，家传的调子只有一个模糊的印象。我录制的光盘里面，诗词调子是凭着残存的记忆加上

作者简介：萧善芗，中华吟诵研究会特聘顾问，教育部中华经典资源库吟诵项目专家；杜亚群，上海市市北中学语文高级教师，"全国十佳吟诵传习人"，唐调非遗保护与传承工作室主持人。

① 本文采访时间为2023年11月。

自己个人的理解来吟的，因此，我光盘里面读诗词的调子，都标明是"家传兼自创调"。读文那就根本没有接触过，可以说是一张白纸。真正爱上吟诵，并且系统深入学习吟诵，是进了无锡国学专修学校沪校以后。我光盘里面，除了格律诗词，都是从唐老夫子那里承学来的唐调。

1945年冬季，我考取了国专沪校，第二年春季开始就读国专史地组，1948年冬季毕业。我进国专时，唐老夫子已年届耄耋，除双目失明外，又因前列腺手术后行动极为不便，已不担任具体课程的教学工作，但老人家极其敬业，每周三上午必定为全校学生讲演并吟诵古诗文。讲演借用的是乐群中学礼堂。先由陆景周师分段朗读课文，《诗经》《楚辞》或《左传》《史记》以及唐宋散文等，老夫子再详析各段内容。讲解完后，老夫子便吟诵全文。那是全场讲演中最精彩的部分。八旬老人，诵读古文仍是精神抖擞，声如洪钟，抑扬顿挫，声情并茂，极富感染力。他读韩愈的《祭十二郎文》能使听者落泪！老夫子读文"文如己出"，让我们领会到作品内涵意境、音韵之美，言外之意，从而领略到中华传统文化的精髓。

我在国专就读三年中，除修读历史与地理专业课程外，"基本文选"是每学期的必修课程。所用教材是唐老夫子于1923年亲自编订的《国文经纬贯通大义》。唐老夫子在浩如烟海的古代文学作品中，以"必须选择文章之可歌可泣，足以感发人之性情者，方有益于世道"[3]为原则，精心遴选了236篇（段）作品，分成八卷四十四法。目的在于"通人情、达物理、正人心"[4]。

"基本文选"的任教老师，是国专首届毕业生唐尧夫先生。他国学根基深厚，教学认真得法，要求严格，每教一文，必求背诵一文。唐师嗓音得天独厚，吟诵酷似唐老夫子，是读文法的忠实继承人和积极推行者。记得他给我们这届学生上的第一篇课文是《诗经·卷耳》，在简介作品背景与内容后，就以唐调吟诵全诗，节奏鲜明，嗓音悦耳，富有感情。在示范之后，他又让同学们跟他一起吟诵，而后再让同学个别练习吟诵，直到能

够背诵。我由此爱上了唐老夫子的读文法。唐尧夫师所授，以后世散文调为主，但有时也用上古散文调诵读《左传》作品。我录制的《左传·曹刿论战》诵读就是在唐尧夫师课上所习得。

我们平时有唐尧夫师精心教学"基本文选"，每周又有唐老夫子精彩讲演与诵读加深提高，学习国学与唐调的热情日益高涨。国专仅有的两间教室里，每天清晨都回荡着琅琅唐调读书声。在这样的氛围中，我遵照唐老夫子指导的方法苦读了三年，熟练掌握了唐调，获得了受用终身的国学精粹。

杜亚群：陈老也谈起过唐老夫子的演讲以及唐尧夫先生的"基本文选"课程，他和您一样被两位先生的读文所震撼，由此深深爱上了唐调。您毕业照上，唐文治先生左右还坐着陆景周、王蘧常两位先生。他们在无锡国专沪校也传授过您唐调吧？

萧善芗：是的，陆景周师和王蘧常师都是老夫子的得意门生，王师还是公认的唐门状元，他们都系统承学了老夫子的读文法，并在国专沪校担任教学工作。陆师和王师都教授过我唐调。

因为我是史地组的，先秦典籍学得比较多，诵读用的是上古文调子。陆师是江苏太仓人，老夫子的同乡。唐老夫子执掌南洋公学时，陆先生就拜唐老夫子为师了。唐老夫子50岁时，聘陆景周先生为秘书兼国文教员，同时担任其长子唐庆诒的家庭教师。陆师直至70多岁才告老还乡，他的一生几乎是追随唐老夫子而度过，是老夫子不可或缺的助手。

陆景周师读上古散文的吟诵调子与唐老夫子一般无二，基本上是太仓本地读书调。我曾跟陈以鸿学长谈起过上古文的吟诵调子，他认为"陆景周师温文尔雅，宜于读上古经文，得古朴庄重之意"。陆师生病的时候，就由教务长王蘧常先生代课。王师同样用上古散文调教授经文。我录制的全套《四书诵读》，用的就是陆景周先生与王蘧常先生所传授的读上古经文的调子。这个调子同样也用来读《荀子》《墨子》《老子》等先秦诸子散文，我称之为"先秦散文调"。

杜亚群：您先生魏建猷教授也是唐文治先生无锡国专早期高才生，后来留校任教。您曾在首届中华吟诵周上展示的《饮酒》，是通过魏教授之口再传的。

萧善芗：因为唐老夫子灌音片里面没有收入五言古体诗，我就想通过这次机会让吟友们听一听。国专时，唐老夫子每周都会和全校教师联欢宴饮，席间特别喜欢吟诵陶渊明的《饮酒》，我先生非常喜欢，记忆深刻，在家经常吟，所以我就学会了。我先生后来不搞国文，教历史了。可是，当我在教学中要上文言文课的时候，必然要用唐调读读熟。这时，我先生会凑上来跟我一起读。比如说《史记·廉颇蔺相如列传》，韩愈的《师说》《马说》，他都一起读过。他读得也是很不错的！

二、唐文治先生读文法（唐调）的核心与创新

杜亚群："唐蔚芝先生吟诵传习群"遵照陈老与您的要求，坚持模学《唐蔚芝先生读文灌音片》。灌音片中共收录20篇古诗文，几乎涵盖了古代文学的各种体裁（近体诗除外），时间跨度从先秦一直到清代。我们发现，唐文治先生文体意识非常强，不同文体选用不同调子。他读的《左传·吕相绝秦》腔调也与汉魏以后的散文腔调迥异。您刚才特别说明儒家经文和诸子散文都用的是"先秦散文调"，陈老同样也把读四书五经的调子和后世散文调区分得清清楚楚。是不是可以这样认为，运用唐调读文，首先必须树立文体意识？读文法体系里面，具体有哪些调子，这些调子腔调上有什么特点？您能否结合灌音片中的代表作做些说明？

萧善芗：的确，我们唐老夫子文体意识特别强，陈以鸿学长早有"读文法随体而不同"的定论。学长将老夫子的灌音片读文总结为四类：

第一类是《诗经》《楚辞》和五七言诗歌。这类文体句法整齐，结构前后重复，读法主要在表达出韵味来。第二类是长短句，在诗歌读法的基础上，随词体不同而变化。第三类是上古散文，以经书为主，因写法古朴，读法也比较庄重而拘谨。第四类是先秦诸子以次的历代

散文和骈文，以及一部分韵文。[5]

"后世散文调"是唐文治先生在桐城派古文理论基础上的个性化创造，调式富于变化，尾腔为615。先秦散文调及其他几种调子则是唐文治先生结合对家乡太仓吟诵调的改良，调式相对固定，尾腔为216（653）。

这里我要特别提醒唐调传习者：唐调没有近体诗吟调的传承。在唐老夫子的录音片中没有收录过一首近体诗，我和其他校友也从未听老夫子吟诵过近体诗。因此，我们国专校友所吟的近体诗都不是唐调，而是家传调或者家乡调。现在很多近体诗吟诵调子随意冠以"唐调"之名，爱好者传习时务必要加以分辨，避免以讹传讹。

我们唐调最特别的就是，同一篇文章中如果出现两种不同的文体，那就要严格地随文体而转换读文调式。以唐代李华的《吊古战场文》为例。这篇文章具有典型的"由骈入散"特点，选用后世散文调来读。可是到了第五段，从"鼓衰兮力竭"开始变成骚体，读这一段，唐老夫子就从后世散文调转为楚辞调，吟唱凄绝挽歌，一直到"伤心惨目"，再转用后世散文调读完篇。

根据文体特点选择读文调式是唐调读文的基本要求，我们唐门弟子无不恪守此道。我和陈以鸿学长在为你们"唐蔚芝先生吟诵传习群"补读《送李愿归盘谷序》最后一段时，都很自觉地随文体变化转调：先用后世散文调读"昌黎韩愈闻其言而壮之，与之酒而为之歌曰"，然后转用楚辞调读完"歌曰"之后的骚体文字。我们读先秦经文和汉魏以后的文章，两种读文腔调肯定要分得清清楚楚，绝对不能混用。现在不少人想当然地用后世散文调读儒家经文，是不合我们唐调正统读文法规矩的。

杜亚群：在众多的吟诵调中，唐调以诵读古文而著称。可是，很多吟友发现，读古文很难像近体诗那样套调。目前，不少吟友还只能依葫芦画瓢，无法举一反三自由读文。有的吟友看似能举一反三，可是听上去像是机械重复一种旋律，千篇一律，缺乏生气。国学大师所创的唐调总让人感觉博大精深，入门门槛高，很难掌握。您和陈老等国专沪校学生的读文，却无不气韵生动，富于变化。是不是你们有读

文秘籍?

萧善芗:唐调读文虽然门槛比较高,但只要得法,就能事半功倍。唐调原名"读文法",说明要讲究读文方法,不能只停留在调子本身。你提到的,就是唐老夫子所说的"任意乱读""庸俗之调"。唐老夫子特别强调读文要"得法",为此,他自编《读文法》《国文阴阳刚柔大义》《国文经纬贯通大义》三种教材,并开设"读文法"和"基本文选"课程,系统传授读法。我们国专生必读的《国文经纬贯通大义》的《绪言》中,专门制定了读文训练的具体原则与方法,即"三十遍读文法"。第一个十遍,划清段落最为重要;第二个十遍,重在挖掘文章的中心思想,即要明白文章中的言中之意和言外之意;第三个十遍,重在研究文章的语言,了解语言的特色、细节,玩味文章的艺术特色。我和其他唐门弟子都是按照这个方法来读文的,事半功倍,在领悟读文之法的同时,也提高了作文水平。

"三十遍读文法",要求前十遍"求其线索之所在",也就是要划分段落,分析文章结构。这是读好文章的关键。

我们常用到两种读法。一种是用"顿"的读法,用在段落结束处做停顿。老夫子读《吊古战场文》,每完一段,都会用标志性尾腔(21615)收结,在读下一段落前做一个停息,把文章层次清晰外显出来。文中多段以感叹结尾:"呜呼噫嘻!""可胜言哉!""伤心惨目,有如是耶!"停顿的地方用尾调,回韵悠长,无限感慨。还有一种是用"挫"的读法,用在文章关节转折处。老夫子告诉我们:"最宜注意者,在顿挫之间。"老夫子有读文十六字诀:"气生于情,情宣于气,气合于神,神传于情。"读出神气情的关键,在于"顿"字诀。用好顿挫读法,文章起承转合,就能了然于心。我们唐调读文尾腔位置安排,是运用"顿"字诀读法的结果。所以我每次读文前十遍功夫都要做足,安排好尾腔,绝不随意而为。

杜亚群:唐文治先生的"顿"字诀真可谓大道至简,以简驭繁。我们知道,"阴阳刚柔"是唐调的核心理论,源于"桐城派"姚鼐"阴阳刚柔"之说。唐文治先生又对曾国藩"古文

四象"学说推崇备至,"古文四象"将文章性质分为太阳气势、少阳趣味、太阴识度、少阴情韵四种。唐文治先生读文法有没有创新之处呢?

萧善芗:唐调读文必须判别阴阳刚柔性质,分清四象。就拿《吊古战场文》来说,这篇文章字里行间饱蘸着忧国忧民的感伤情调,表现了鲜明的厌战情绪和深切怜悯士兵的情感。我们据此可判其性质为少阴情韵。

唐老夫子将"古文四象"学说创造性地运用到吟诵教学实践,细分出与之相配的五种读法:急读、缓读、极急读、极缓读、平读。他说:"大抵气势文急读、极急读,而其音高;识度文缓读、极缓读,而其音低;趣味情韵文平读,而其音平。然情韵文亦有愈唱愈高者,未可拘泥。"

传习者要注意,这五种读法,仅仅是根据文章整体阴阳性质而匹配的基本读法。我们老夫子一再强调要"因时制宜,未可拘泥",读文要随时审阴阳,随文分刚柔。三十遍读文不是孤立的,而是要在读的过程中,掌握轻、重、缓、急变化,因声求气,得神入境,不断在理解中逐渐提升读文质量,又在升华中获得作品的精髓来感染自己,涵养性情,激励气节,知行合一,完善人格。唐老夫子把这个过程归纳为十六个字,即"熟读精审,循序渐进,虚心涵泳,切己体察"。

三、唐文治先生读文法(唐调)的活态传承

杜:萧老,您从21世纪初开始,就没有间断过录制吟诵。在上师大附中张正之、严一平校长、潘光博先生等支持下,在吟友们的热心帮助下,已出版了《萧善芗古诗文吟诵专辑》系列专辑、《论语》、《"四书"诵读》、《老庄》等光盘。单《萧善芗古诗文吟诵合集》就收录古诗文114篇(段),涉及上自屈原下至秋瑾共57位我国古代著名作家的作品。吟诵作品数量之巨,堪称唐门弟子第一。您已近百岁,为何还要继续拼命录音?

萧善芗:在特殊的时期,唐调被诬蔑为"怪调",使我们这些传人不敢发声,愧对恩师!晚年国家安定兴盛,全社会掀起重视中华优秀传统文化的学习热潮,即将失传的吟诵,

也开始被抢救、推广。师恩难忘，我有传继绝学的责任，虽年迈多病，也要为传承与推广唐调尽绵薄之力。作为口头非物质文化遗产，唐调主要靠口传心授。要把唐调灵活运用于日常读书中，就要掌握正确读法。如果读文不得法，读十年也是徒劳无功。我的吟诵自然无法跟老夫子相比，但为了继往圣绝学，给国学爱好者学习提供更多参考，只能尽力留下音频资料。我想，每天坚持读一点，积少成多，一年下来，也是数量可观的。

唐调在无锡国专建校百年之后成功申遗，我也年近百岁，无力参与实质性保护工作，重担都交给你们年轻人挑了。你给我采录的几百篇作品，要进行合理的整理和编辑，供下一代学习运用，在唐调传继中发挥应有的作用。

杜：萧老，您是老骥伏枥，志在千里！生命不息，吟诵不止，传继不已，令后学们钦敬！我们定会全力做好唐调的保护与传承工作。

2018 年由您提议组建的"唐蔚芝先生吟诵传习群"，在线上公益传习了五年之久，如今学员已超过 200 人。广东省惠州吟诵协会两个"四书·唐调先秦散文调学习群"也有近 600 人，再加上"大学生唐调群""闽南唐调公益传习群"等，传习者遍布全国 24 个省市，为唐调进一步传播打下了良好的群众基础。我们的公众号有 2000 多人关注，不少网友跟着公众号入门了唐调。现在我们组建了唐调非遗保护与传承工作室，将整合原有公众号资源，进一步开拓网络宣传渠道。作为工作室的精神领袖，您对我们的唐调非遗工作有什么建议？

萧善芗：唐调是一种读书方法，是唐老夫子为弘扬国学而创。回归校园，与古诗文教学相结合，才能真正发挥它的价值。唐调非遗工作要三线并进，一要加大宣传推广力度，二要重点培养年轻人，三要培养唐调骨干师资。

在加大宣传推广力度方面，我们的非遗工作已初见成效。参与的相关展示活动逐渐频繁，"天山联盟"亲子元宵节活动，上海大学吟诵研讨活动，"长悦书香"普陀区残疾人读书会

启动仪式，上海市高校清音会联谊活动，玉佛寺端午节诗词公益演出……不久还要参加全国中华吟诵大会，研讨交流，一展唐调读文魅力。我们的非遗工作相关媒体都有报道，越来越多人关注到唐调。我为工作室所取得的成果而欣喜！

近来团队出色完成了全民教育文化成果展演，与社区实现融合，可以定期开展唐调少儿公益培训，开发适合少儿的唐调教材与课程，前景光明，大有可为啊！除了社会面积极宣传推广，不要忘记学校是我们唐调的主阵地，要把工作重心放在培养年轻人上，使唐调之声绵延不绝。你们已经去华师大、同济、交大进行唐调讲演，"非遗进高校"达到了预期的效果，也吸引了年轻人加入了传习队伍。希望今后这一工作能够继续有序开展下去。

师资培训方面，经过五年线上传习，我们在全国各地培养了一批唐调骨干教师，在书院及学校国学教育中发挥着积极作用。在上海，你的课程已被推上了"十四五"中小学教师共享培训平台，每年两期，一线吟诵教师队伍也会逐渐壮大，将来有望合力把唐调推进中小学校，辅助古诗文教学，使之成为教书育人的一种有效方法。

相信在政府的大力支持下，在年轻人的坚持努力下，唐调之花会开得更普遍，更绚丽！

参考文献：

[1] 唐文治，文明国. 唐文治自述[M]. 合肥：安徽文艺出版社，2013.

[2] 杨廷福，陈左高. 无锡国专杂忆[M]. 北京：中华书局，1981.

[3] 唐文治. 茹经先生自订年谱[M]. 无锡：无锡国学专修学校，1936：98.

[4] 唐文治. 国文经纬贯通大义·跋[M]. 台北：台湾文史哲出版社影印本，1987.

[5] 苏州大学校长办公室编印. 唐文治先生学术思想讨论会论文集[C]，1985.

上海瓷刻培养赋能传承人的探索与实践

张　雪　戴建国

摘　要：非遗的魅力源于悠久的历史，非遗的生命力则在于传承创新。上海瓷刻技艺在代际传承中镌刻着历史的印记延续不辍，又在传承创新中形成了两种新的特质，呈现了同途异彩的生动写照。上海瓷刻代表性传承人在非遗进校园的实践中积累了丰富经验，揭示了培育"赋能传承人"，并根据专职传承人与兼职传承人不同身份进行区别性赋能的重要性。

关键词：上海瓷刻；非遗进校园；赋能传承人

2011年，"三林瓷刻"由浦东新区作为申报地区，入选上海市第三批传统美术类非物质文化遗产名录。而后2013年普陀区对"瓷刻"项目进行了申报，"瓷刻"被列入上海市第四批非物质文化遗产代表性项目扩展名录。上海瓷刻项目的市级代表性传承人先后有张宗贤、程佩初。2012年，张宗贤被列为上海市第三批非物质文化遗产"三林瓷刻"项目代表性传承人。2014年，程佩初被列为上海市非物质文化遗产"瓷刻"项目代表性传承人。2023年，上海市级传统美术类非遗项目存续状况调研组对33个市级非遗项目的生存环境、保护工作、传承状况、活动开展、核心内涵与市场拓展6个方面进行了存续状况调研。戴建国、郑雅婷、丁海昕、张雪、任雅怡对张宗贤和程佩初两位瓷刻代表性传承人进行了访谈调研。

通过调研发现，两位瓷刻代表性传承人的瓷刻技艺虽有着不同的源流衍变，但是在两位的交流互鉴下，使上海瓷刻花开两朵又各表一枝。他们对于培养瓷刻传承人的探索与实践，启发着我们要重视培育赋能传承人，并通过赋能专职传承人与兼职传承人来为瓷刻传承汇聚合力、排解万难。

一、上海瓷刻项目源远流长，又花开两朵

瓷刻，主要指以高碳钢刀、金刚钻刀、铁锤等为工具，在滑润的素色瓷釉表面上，雕刻书法、图画等，因以刀代针，又被称为瓷器上的"刺绣"。其制作过程，先用刀尖刻出点线，再在刻痕内填充颜色，最后再涂上蜡。通过在瓷面上展示山水、花鸟、人物等，既保留了传统的书画风格，又发挥了透亮如玉的瓷面特色，使瓷刻作品经久不衰，起到相得益彰的效果。

纵观瓷刻的历史漫漫长河，可以追溯至两千年以前。秦汉时期，剥凿瓷釉产生了瓷刻的前身；魏晋时期，手艺人用直刀单线在施釉前的瓷坯上刻诗文书画，形成原始的瓷刻；宋代时期，刻、划、鏨、戳、剔等工艺，在陶瓷刻花工艺上达到高峰。但是真正的瓷刻技艺应是用合金钢等高强度工具在高硬度瓷器上进行创作。明清时期，冶炼技术提高，产生了合金钢，我们通过工具产生时代，可以辨别出瓷刻技艺也产生于明清时期。清代中期，瓷刻技艺因手艺人在瓷碗表面雕刻乾隆御制诗而发展为一门宫廷手工艺。清末时期，清朝设立京师工艺局并下设农工学堂，其中农工学堂中工科下设漆雕科、绣工科以及刻瓷科等。当时刻瓷科的教师便为上海著名雕刻家华约三，他的徒弟主要有朱友麟、陈智光、戴国宝以及张锦山等人。其中朱友麟与陈智光主要在北京进行瓷刻创作，戴国宝与张锦山则在上海进行瓷刻技艺

基金项目：本文系中国民协民间文化（非遗）进校园项目"非遗系统性保护下的非遗'进＋出高校校园'理论与路径"（项目编号2023067）的阶段性研究成果。

作者简介：张雪，上海师范大学哲学与法政学院民俗学硕士研究生；戴建国，上海师范大学图书馆副研究馆员。

创作。

这些造诣精湛的瓷刻名家们在南北往来中，促进了瓷刻南北两派的形成。上海瓷刻属于南派，在称呼习惯、工具以及刻法上皆与北派有所不同。在称呼习惯上，南派以称"瓷刻"为主，而北派则多称"刻瓷"。在工具使用上，南派主要用钻石或钨钢瓷刻工具，北派则用纯钢刻瓷刀。在刻法上，南派刻法主要为单钩刻法、双钩刻法和起地单刀刻法，北派则大多是錾刻写意花卉、汉瓦古钱与钟鼎隶字等。在南北两派的不断的交流与海纳百川中，上海瓷刻形成两种不同的瓷刻创作风格。

二、上海瓷刻花开两朵，又各表一枝

"三林瓷刻"起源于清光绪年间，创始人是张锦山。他师从华约三学习瓷刻技艺，在传统瓷刻技法上又加以创新，使用刮磨技法，不仅使用线条双钩的技法，还能表现"点""面"的视觉效果，形成一套独特的"三林瓷刻"雕刻语言。至张锦山曾孙张宗贤这一代，将园林艺术的室内布局与瓷刻艺术相结合，将"三林瓷刻"推向了新的发展阶段。

张宗贤，1950年出生于上海，自幼承家学，对瓷刻技艺耳濡目染。在20岁时，他因母亲生日，在一个水仙瓷盆上亲手雕刻"冰清玉洁"四个字，他看着母亲喜欢，便萌生了学瓷刻的念头。2006年起，他的瓷刻作品频繁获奖，他的多件瓷刻作品也被浦东新区档案馆收藏。在瓷刻创作风格上，张宗贤通过多年的挖掘与探索，形成了独特的雕、刻、磨、皴、擦、染等技法。又因早年间从事园林绿化工作，得到了中国古典文化园林专家陈从周大师的启示，创新性地将瓷刻与传统家具、厅堂住所相结合，使瓷刻兼具艺术性与实用性，在上海乃至全国的瓷刻领域独创了新面貌。在创作特点上，张宗贤主张作品创作要与时代紧密结合。2020年疫情期间，张宗贤创新性地将"三林瓷刻"与抗疫相结合，雕刻钟南山等抗疫人物的画像并将自己居家所见的抗原试剂化作工艺品，还将女白衣战士形象与老式头巾相结合。张宗贤还结合国庆重大节日创作了红色文化作品并根据传统生肖图案创作与"牛"相关的纺织物品等。

上海瓷刻因受海派文化的影响，也形成了海派创作风格的"瓷刻"技艺。"海派文化"起始于19世纪中后期，是上海开埠后从传统文化向近代转型的标志，是中西文化相互碰撞、交流互鉴的成果。按照海派创作风格的传承谱系，其第一代传承人是杨为义，第二代便是程佩初。

程佩初，1950年出生于上海。自幼喜爱书法与篆刻，在瓷刻创作前曾做过竹刻与各种金属雕刻。1971年，由于工作单位买进了一批厚瓷砖，他试着在其表面雕刻了一些人物剪影，因觉得瓷刻有趣，又受到了周围人的赞赏，由此开始了瓷刻创作。1972年，程佩初因朋友介绍去了一次上海工艺美术研究所，有幸受到了当时的"瓷刻"名家杨为义的启蒙，与瓷刻结下了不解之缘。程佩初为深入学习瓷刻，1990年考入了上海大学美术学院。2005年起，他受聘于普陀区宜川路街道社区学校。2018年，程佩初被评为"全国2018年百姓学习之星"。2021年，程佩初入选"非遗进校园"优秀传承人。在瓷刻创作上，程佩初加入了江南吴越文化的艺术风格，突出刀法与色彩层次的对比，创作了京剧舞台人物、花鸟动物、传统民俗等60多件系列主题"瓷刻"艺术品。其中京剧舞台人物系列是根据《霸王别姬》《贵妃醉酒》《白蛇传》等耳熟能详的京剧人物造型创作而成。程佩初还数次改革瓷刻工具，形成了"半工半写和篆刻金石相结合"的独特技艺。

三、上海瓷刻项目进校园的传承特色

上海两位市级瓷刻代表性传承人一直在积极交流互促。历年来，上海瓷刻项目特别重视进校园的传承特色。

1. "三林瓷刻"项目进校园

"三林瓷刻"代表性传承人张宗贤在学分制教学、研发校本课程、作品参赛以及培养传承人方面进行了探索实践，并获得了一定成果。

首先，在学分制教学方面。张宗贤在上海第二工业大学开设了瓷刻选修课进行学分制教学，每学期2学分，共32学时。瓷刻选修班里有的学生在毕业后，仍在进行瓷刻创作。

其次，在研发瓷刻校本教材方面。张宗贤在慕课平台发布了以同济大学为单位的瓷刻课程，还研发了瓷刻校本教材。

再次，在瓷刻作品参赛方面。张宗贤积极参加政府组织的展览，将"三林瓷刻"推广至上海市乃至世界。2006年，其"三林瓷刻"作品在中国文化遗产日暨上海民族民间艺术博览会首次参展获得"传承奖"，受到社会的关注。2010年，"三林瓷刻"作品在上海世博会主题馆展出。此外，其作品曾参加上海民族民俗民间文化博览会获金奖，他参加中国工艺美术大师精品展获银奖，还参加了进博会以及国家组织的展览会来展示"三林瓷刻"作品。

最后，在多角度探索传承人方面。张宗贤注重在教师群体中培养"三林瓷刻"传承人。他在上海市三林中学和上海市敬业中学长期授课，每周五下午授课一个半小时，持续上15周或16周的课，每次上课时配备一名教师助教。目前，三林中学教师张其淑因文化素养高、接受能力强，成为张宗贤所培养的"三林瓷刻"传承人。

2. "瓷刻"项目进校园

"瓷刻"代表性传承人程佩初在进校宣传推广、研发课程以及在社区中积累了一定的经验，并取得了一些成果。

首先，在进校园宣传推广方面。程佩初先后在上海市宜川中学、上海市洛川学校、上海商业会计学校等学校进行"瓷刻"进校园推广活动，每学期培训近100名中小学生。他坚持每年寒暑假开设"非遗学院"和"非遗夏令营"进校园活动。每学期期末，他组织开展一些学生作品比赛与校园巡展活动等。

其次，在研发校本课程方面。程佩初编写"瓷刻艺术"教学大纲，开设"瓷刻艺术"课程，举办"海派瓷刻"沙龙。"瓷刻艺术"课程被评为"上海市社区教育特色课程二等奖"与"全国社区教育特色课程"。

最后，在社区学校教学方面。2005年，程佩初受聘于宜川路街道社区学校，相继建立瓷刻艺术社、海派瓷刻工作室与传承人团队活动室，并培养出一支以退休老年人为主体的海派瓷刻"守艺"团队，每年为这些学员讲授瓷刻近150课时。

四、上海瓷刻项目培养传承人的困境

通过瓷刻存续情况调研，我们发现瓷刻项目在进校园宣传推广以及课程研发方面积累了优秀经验，但是在传承人生存状况以及瓷刻市场拓展方面又面临着一些问题。这些问题与传承人的职业身份密切相关，其中不同身份面临着不同的问题。

目前，上海瓷刻项目的传承人主要有专职传承人和兼职传承人这两种职业身份。专职传承人，包括专职老年传承人和专职年轻传承人。专职老年传承人，主要有两位60岁以上的市级代表性传承人张宗贤和程佩初，以及宜川社区老年人瓷刻"守艺"团队。专职老年传承人目前面临的问题是传承人老龄化。专职年轻传承人，主要为程佩初95后徒弟卢亚茹，其主要面临的问题是自主创业但收入低、不稳定。至于兼职传承人，主要有张宗贤之女张澄英和三林中学教师张其淑，前者2014年被列入第四批浦东新区非物质文化遗产代表性传承人，后者面临的问题是双重职业角色所带来的附加压力。

当前，由于有年轻的传承人主力95后卢亚茹、区级代表性传承人张澄英以及三林中学教师传承人张其淑的加入，第一种专职老年传承人所面临的老龄化问题已经有所缓解。专职年轻传承人和兼职传承人所面临的共同问题，则是传承人生存问题：卢亚茹如何凭一己之力在瓷刻赛道创业守业？张澄英和张其淑如何应对职业身份以及瓷刻传承人双重身份带来的附加压力等问题？面对这些问题，所需要的是如何从技艺传承人转型为赋能传承人，也就是说，传承人不仅仅是传承瓷刻技艺，还要通过他者或者自身的赋能来提高自身生存能力，使瓷刻技艺能够通过赋能在坚实的土壤中生根发芽，落地生花。

五、发展上海瓷刻传承中的"赋能传承人"

我国传统技艺能够传承至今，在于诸多"自然传人"的合力。上海"瓷刻"也是如此，需要代际交替形成合力。在"非遗进校园"的培养实践中，目前瓷刻传承除老年传承人之外，已有新生代传承人在承袭。不过，如何解决新一代传承人的问题，如何从只会技艺却无法生存的"技艺传承人"转型为通过一技之长而能确保其丰衣足食的"赋能传承人"，需要根据专职传承人与兼职传承人不同身份来进行赋能。

1. 赋能专职传承人

如何赋能专职传承人，需要针对专职老年传承人制定名誉传承人福利政策，针对专职中年或年轻传承人提供兼职专业课教师职业机会。

制定老年名誉传承人福利政策。目前，我国非遗保护工作从以申报为主的"申遗时代"已进入到以保护与开发为重点的"后申遗时代"。在传承人保护方面，多国已积累丰富经验，并取得一定成效。如韩国文化管理部门将高龄传承人定为"名誉持有者"，并设立了专门的"名誉持有者特别支援金"，按月发放支援金直至自然死亡。上海瓷刻项目的传承人主体是老年人，通过借鉴韩国的保护经验，针对老年传承人，专门建立老年名誉传承人福利政策，一方面有利于对两位专职老年传承人给予一定的传承保障，另一方面还有利于激励新的传承人加入瓷刻项目，改善瓷刻传承人青黄不接的问题。

提供担任瓷刻专业课教师机会。2022年4月20日，教育部新闻发布会介绍了新修订的《职业教育法》，指出完善技术技能人才聘任机制，鼓励职业学校聘请技能大师、劳动模范、能工巧匠、非物质文化遗产代表性传承人等高技能人才，通过担任专职或兼职的专业课教师、设立工作室等方式，参与到职业学校人才培养工作中来。当前，上海开展非遗项目的职业学院如上海工艺美术职业学院、上海行健职业学院、上海视觉艺术学院等，如果能够为年轻瓷刻专职传承人提供非遗专业课教师就职机会，便可很大程度上缓解卢亚茹的创业压力与收入低等问题，使之发挥技能特长。

2. 赋能兼职传承人

如何赋能兼职传承人，一方面需要所在单位提供宽松兼职传承人工作环境，为传承人赋能；另一方面鼓励个人通过加入市场创造收入，为自身赋能。

建立传承人培养基地，完善学校管理体制。这些年，张宗贤一直在积极多渠道寻找"三林瓷刻"传承人，他认为张其淑教师文化素质高，适合作为传承人。培养教师兼职传承人，需要营造良好的平台。首先，可以由代表性传承人择优选定一个学校，作为"三林瓷刻"传承的学校平台。比如三林中学位于"三林瓷刻"的创作场所三林镇，适合作为"三林瓷刻"项目的合作学校。其次，要开设"三林瓷刻"教师传承班。以合作学校为主体，定期在教师中择优选择一至两位"三林瓷刻"传承人，开设"三林瓷刻"教师传承班，作为传承人的培养基地。最后，完善学校管理体制。对于选定的"三林瓷刻"传承教师，因为面临着双重身份所带来的授课任务与传承压力大等问题，学校既可在教师兼职传承人身份上分文化课与"三林瓷刻"授课的不同类别予以安排教学任务，适当减轻双重授课压力，也可在教师评定方面参考"三林瓷刻"传承表现而纳入综合评分细则。

非遗项目需要创造性转化和创新性发展。由于瓷刻一般以瓷盘、瓷瓶或大型瓷器为材料，材料较大不易携带且瓷器易碎，在实用价值方面有所欠缺。此外，大多数情况下瓷刻作品也只被用作收藏，不如其他非遗作品更容易进入人们的日常生活。因此瓷刻项目在市场中不如其他非遗项目有竞争力。瓷刻进入市场，瓷刻传承人不可避免需要创新瓷刻形式。针对市场需求，以小型的日用瓷器为材料，制作如茶具、瓷碗、耳坠、项链等日用品，或定制大型瓷器，创作日用家具及室内装饰等进入市场。同时，地方政府要想方设法为瓷刻传承人搭建市场销售平台，组建专业的非遗市场销售、非遗电商人才队伍，为瓷刻传承人与市场牵线，提供创作方向，这样瓷刻传承人就只负责精心创作产品。政府支持，并不是简单意义上的经费扶持，借助线上或者线下集市，兼职传承人也能凭一技之长为自身增收赋能。

总之，上海瓷刻项目的发展虽面临一定阻碍，但是上海两位瓷刻代表性传承人一直在互相沟通交流、取长补短、共融共存，一同积极探索传承之路并竭尽全力将毕生之技艺毫无保留地传承给徒弟，还在宣传推广、进校园、在社区中积累了一定的优秀经验。对于瓷刻传承人的生存问题，希望能够通过多方合力培育"赋能传承人"，为上海瓷刻传承人赋能添翼。"赋能传承人"培养的探索与实践，既将加深"非遗进校园"的内涵特征，又利于上海瓷刻发展拥有良好的生态环境。◈

每一张纸上都有作者的灵魂

——记上海乐观古笺纸业科技中心费永明

翁沈君

今天费永明技痒了。

"真是不好意思。刚刚去见一位佛家的师傅，主要是讨论外省某寺院内一幅宋元时期巨型壁画修复事宜，这对我太有吸引力了，只能委屈您在此久等了。"费永明走进大厅，带着歉意的微笑，连忙向笔者解释。这些年，费永明将更多的精力投入到了研究古法制笺，为此他不得不推掉了很多字画修复业务。

费永明

宣纸是中国传统书画中常用的材料，但是宣纸，特别是生宣纸的大量使用是明末清初以后的事，而宣纸一家天下、地方小品种的手工纸消失殆尽，更是发生在近二三十年。纸有生、熟之分，乾隆时的叶御夫是扬帮装裱的祖师爷，因得到"唐人熟纸法"而技艺超绝，对"唐人熟纸法"之谜的探寻，成了费永明人生中的头等大事。

《新唐书·百官志》载唐代门下省弘文馆有熟纸匠八人，中书省国史馆有熟纸匠六人，秘书省有熟纸匠十人，东宫下属崇文馆有熟纸匠一人。熟纸匠，又称潢纸匠，这些人的主要任务就是将生纸加工成熟纸，以供皇室及政府官员使用。他们的劳动成果今天还能看到，敦煌遗书、日本正仓院藏品、传世的唐宋书画都证明了唐代以皮麻类原材料制作的纸张的优异。

中国古代文人则喜欢用经过捶煮的长纤维纸。费永明正在做的，就是以古法做出他理想中富有古意的好笺纸，这一追求鼓舞着他一路探究的热情。

在他的会客厅侯高轩里，费永明向我展示了写在再造古笺上的书法作品，他特别指出，要注意观察"提按使转"在纸上的呈现："你看这个'真'字，最末那一点，有一个'小眼珠'，这就是运笔中自然形成的，好的纸才能留住这种效果，这也是顶级书画家需要的。"他骄傲地表示，一个画家朋友用了他再造的古笺，已经不愿再用别的纸作画了。

对费永明而言，造纸似乎是冥冥中一种命运的安排，之前的所有经历都是为此而做的准备。在2015年开始研究造纸之前，费永明做了二十多年的字画装裱师，业余时间也涉猎收藏。如今看来，"做字画修复，修到后来我发现纸特别重要，修复几乎就是在解决纸的问题。同样，去拍卖行寻找钟爱的藏品，跟书画界老先生们交往，所有的东西都给了我眼光，发现

作者简介：翁沈君，上海明镜文化传播有限公司编辑。

不同年代作者的风格差异，发现作品与纸张的互相成全。"费永明说。

一、装裱不止于技艺

初识，费永明身着深色唐装，干净利落，衣褶纹路分明，配合一副精致的黑框眼镜，整个人流露出一股古典而深沉的书卷气。很难想象，他曾经是一位来自苏北淮安小村庄为生计奔波的电工。

1989年，18岁的费永明与农村的许多孩子一样，跑到甘肃兰州学电工。期间，一位热爱书画的工友在家中为他演示了一次"极简版"的装裱，虽然材料、工具称不上专业，却令年轻的费永明心驰神往，第二天他就跑到书店买来一本《书画的装裱与修复》。从此，费永明就随身携带这本小册子，有空就看几眼，经年累月，几能成诵，有时他还会去买些材料自己试着动手做。

改变命运的一件事情发生在1993年的一个周末。彼时，已经到上海做电工的费永明，照例逛完南京东路、福州路一带的书店，回家的路上路过了位于南京西路的老上海美术馆，恰逢馆内正在举办"纪念上海文史研究馆成立40周年画展"。一时兴起，他花了5元钱进去观展，临走时还顺手拿了一张放在门口桌案上的过期的宣传单。回家揭开看，他喜出望外，宣传单上写着"装裱大师严桂荣先生在上海文史研究馆举办装裱学习班"，费永明当即许下拜师学艺的心愿。

然而，进入文史馆寻师学艺的道路并不平坦。一次、两次，一个月、两个月，费永明为叩开文史馆的门奔波了近一年。文史馆联络处的任处长终于被他的执着感动，告诉他："根据政策，文史馆再开办学习班的可能性不大。我们馆裱画室已经中断很多年了，看你实在太喜欢这门手艺，要不你来做？"费永明大喜过望，立刻答应。第二天，便带着材料、工具来到文史馆，自己动手把装裱室整修一新，开启了他的装裱师之路。

在文史馆三年，费永明取得了长足进步，这都得益于扬帮装裱名师严桂荣的悉心教导。严桂荣技艺精湛，一生修复名家书画无数，"火烧《上虞帖》"更是在业界被传为佳话。每周的

馆员活动日，严桂荣总会到装裱室找费永明聊聊天，看他裱画。有时候看到费永明裱画的手势不对就会指点，若是遇见他在装裱重要的作品，严桂荣还会提醒他装裱的要点。费永明在书画装裱的世界里不知疲倦地努力着，"干到凌晨两三点，那是常有的事"。

严老一贯对费永明强调，扬帮装裱除本行手艺外，在鉴赏、材料方面亦必有独到的本领与见识，从而使需要装裱的艺术品气韵符合创作年代的特质。看似容易，背后实则蕴含着无尽学养。数十年来，全国各大拍卖行时常都能见到费永明全神贯注的身影，收集名家字画与各类纸张材料已经成了他生活的一部分。

费永明说，他的收藏知识都是跑书店跑来的。一开始只是帮文史馆的一位老师到拍卖行代拍举牌子，时间长了他就开始琢磨这老师想买什么？为什么买这些？遇见知识盲区，他就会跑到上海古籍书店、朵云轩、上海图书馆查找工具书、调阅画册，了解书画家的生平与风格。日积月累、潜移默化，费永明对中国书画的整个脉络与理路就有了精深的知识储备。

如今费永明对字画的理解也日臻成熟。"不是说东西真假就决定了价值，"他说，"王羲之的作品都是唐摹本，台北故宫博物院怀素的《自叙帖》也有真伪之争，辽宁博物馆藏张旭的《古诗四帖》也有争议，但都不影响它们的国宝地位。"

在费永明的眼里，书画世界是跟现实的世界一模一样的，有真有假，有好有坏，有君子小人，有高雅庸俗，一个镜中负像的世界，鬼影幢幢、形形色色。每一张纸上都有作者的灵魂。他尽力真诚善待每一张作品，但是时间精力终是有限，因此他说："各以善知识，结善因缘。"

二、寻找素面美人

2015年，费永明把工作室搬到了闵行区浦江镇复地浦江中心二楼，也促成了他与谭笺（一作谈笺），这位"素面美人"的美妙情缘。更没有想到的是，古法造纸成了他日后生活的重心所在。他一边做字画装裱，一边开始研究古

法做纸。五年之后，他成立了乐观古笺纸业科技中心。

谭笺是明代松江上海鹤坡里（今浦江镇召楼一带）人谈仲和制作的一种脱胎于宣德笺的笺纸，因为深受江南文人，特别是董其昌的喜爱而名扬海内。浦江镇是谭笺的故乡，作为闵行区政协委员的费永明认为，研究与复原谭笺技艺对于弘扬闵行本土文化意义重大，为此他踏上了寻找谭笺之旅。

缘分注定，2018年年底有史以来最大规模的董其昌艺术大展《丹青宝笺——董其昌书画艺术大展》在上海博物馆开幕，费永明先后四次探访大展，只为近距离观察谭笺。通过查阅古代文献，费永明总结出最上等的谭笺如同玉板与镜面，书写笔墨没有烟火气，润泽清透。参照、对比他所收集的超过两千种的各类古纸标本，费永明最终采取捶捣、植物汁液蒸煮等多种特殊方式，历时数年成功再造出了谭笺。

与此同时，费永明也发现没有符合字画年代的纸质材料就没法做到真正的"修旧如旧"，可谓巧妇难为无米之炊，因此古笺再造也被他运用到了字画修复中。《新安朱氏世系图》是费永明修复的代表作之一。从修复前的照片看，整个谱牒已受到了极大的侵蚀，字迹模糊、纸本碎裂、霉迹斑斑，其中最大的技术难关是宋纸的复原。宋代文人往往在纸上涂上粉蜡、米汤、豆浆等材料，以此改造纸张的某些特性，以达到在纸上书写得更流畅的效果。然而在作品实际的流传过程中，纸张会揉皱、折叠，这样纸张表面的涂层就会受损，水分、颜色都会随之发生改变，直观反映在纸上就是纸张出现了各种不规则的花色。与岁月的痕迹做抗争，费永明在工作室前前后后实验了8个月，尝试染出现在谱牒上所呈现的颜色。"我不能一次染出几种不规则的颜色，"费永明坦言，"我力求整个作品气氛的协调统一。"

像这样历时数月，甚至数年试验复原古笺，已然是费永明现在工作的常态。唐人写经《大般若波罗蜜多经卷第一》也是费永明利用自己加工的唐代古笺成功修复的，著名书画家童衍方称赞其效果"超劫还丹，成其旧

貌，其功大焉"！数年来，除了谭笺，费永明已经成功复原了煮硾麻纸、煮硾楮皮纸、煮碰竹纸、苏木染煮碰麻纸、皮纸制染黄纸、皮纸仿金粟山藏经纸以及乾隆高丽贡笺等传统古笺。

三、当代南纸店

随着古笺再造技术的渐趋完善，费永明也开始思考推广问题。为此，他携手书法家蔡祎，举办了一场"纸墨相发——费永明、蔡祎纸笺与笔墨的对话展"的展览，书法家选取不同古纸、古笺进行书画创作，以求呈现"墨分五色、浓淡相生"的绝妙境界。

"这个展览是达到了我们想要表达的效果，一种当代南纸店的尝试。"南纸店是从前是重要的文化场所。民国时期，上海的朵云轩、九华堂等南纸店以经营各种品牌的笺纸著称。店里的掌柜或伙计会根据客户的要求，对纸进行各种二次加工，让每一张纸都成为书画家的专属艺术品。"我们现在常把制作的古笺赠送给书画界的朋友试用，让他们来分享使用的体验和感受。"费永明说。

"对进一步向市场推广，我却并不乐观。"目前乐观古笺各类型再造古笺，产量不过几千张而已。由于产量较小，再加上为求完美的投入，成本上升不可避免。"不是因为我们的纸不好，而是我们的纸太好了，所谓劣币驱逐良币。还有就是上海的生产成本太高，需要一些社会力量的共同推动。"费永明无奈地表示。

面对纷至沓来的合作邀请，费永明始终保持头脑清醒。他说，他一直记着恩师的教诲："做个好的扬帮裱画师，一定要记住两个字——'老实'。拆开来讲，'老'字，是指我们养家糊口的装裱手艺，它历史悠久、门道精深；'实'就是做事须踏实。老祖宗传下来的手艺，装裱一幅书画至少要十几道工序，每道工序都不能偷工减料、粗制滥造。把'老''实'两个字合起来讲，就是指我们为人品格要诚实，不能做鸡鸣狗盗之事，我们更应该洁身自好。"

费永明有自己的坚持，他不愿意为了赚钱做贴牌。他说，他想做出人世间最好的那些东西，他想看看顶峰的风景。◆

BOPPPS 模型在"非遗传承人进课堂"教学中的应用研究

李文文

摘　要： 文章指出在非物质文化遗产的保护与发展中，后续人才的培养是内在要求，也是主要任务与根本保障。置身今日非物质文化遗产传承之情境，后续人才的培养既要依托传统意义上的"师徒制"，更要依赖我国现代国民教育之体系。因而，更科学、合理、高效的非物质文化遗产传承人进课堂教学策略与教学方法是进一步深入推进工作、提高教学与传承效率的核心与关键。BOPPPS 模型是加拿大哥伦比亚大学 Douglas Kerr 提出的一种教学策略。针对目前非遗传承人进课堂的教学情境、面临问题与主要原因，BOPPPS 模型具有指导教学实践、提高教学效率和人才培养质量的重要作用。

关键词： BOPPPS 模型；非遗传承人进课堂；教学策略与方法

在非物质文化遗产的保护与发展中，后续人才的培养是内在要求，也是主要任务与根本保障。对于诸如传统技艺、传统舞蹈、传统戏剧、传统美术等的保护，一方面要进行静态的文献梳理、成果记录和作品保存；另一方面，则要进行动态的技艺传承与人才培养。一项非物质文化遗产薪火相传，后继有人，意味着它得到了切实的保护，获得了新生的价值与力量，并参与到了现代人们的生产生活实践中。置身今日非物质文化遗产传承之情境，后续人才的培养既要依托传统意义上的"师徒相授""父子相传"，更要依赖我国现代国民教育之体系。唯二者各取优势，携手前行，方能共担人才培养之重任，振兴民族之传统技艺，复兴民族之传统文化。

一、传统"师徒制"与现代国民教育体系相结合作为 BOPPPS 模型的应用情境

传统"师徒制"中，师傅带领徒弟，耳提面命，言传身教。徒弟跟随师父，耳濡目染，心领神会。其中交织的为学之技艺与为人之道理是传统"师徒制"补益今日国民教育体系的宝贵财富。现代国民教育体系的规模化、普及性和系统性是其具有的绝对优势，为非物质文化遗产传承和人才培养提供机会、条件与保障。在两者的合作发展中，依托学校资源建立大师工作室，并引进非物质文化遗产传承人进课堂成为首选模式和必经之路。其宗旨共同指向高效率、高质量地培养非物质文化遗产后续人才。

如果把 1985 年中央美术学院年画和连环画系的杨先让、靳之林两位先生邀请陕北民间剪纸高手走进学校的事件作为非物质文化遗产传承人进课堂的早期萌芽，那么，自我国全面实施非物质文化遗产保护政策以来，这一形式由尝试探索不断走向全面深入，最终成为赓续民族文化和传统技艺的主渠道。在具体执行中，一般以"双师制"的形式较为多见。即以一名非物质文化遗产传承人加一名校内教师的模式组成教学团队，共同参与并完成教学任务。高校邀请非物质文化遗产传承人进课堂，传承人更多地倾向于技艺操作的以身示范与指导，主要解决学生动手操作和实践技艺水平提高的问题。必然地，传承人对技艺的认知、热爱、坚守与信念也影响着学生。校内教师则主要负责相关理论的讲授与校内常规性的管理工作。如讲授技艺的历史流变、风格演进和形而上的审美观念与造物思想等。其中，按照学院教育管理体系的各项要求协助传承人完成教学任务是校内教师尤为重要的职责。如按照学分和课时要求合理选择并安排教学内容、按照具体的成绩管理办法量化学生的工作量、明确评分标准等。由此可见，更科学、合理、高效的非物质文化遗产传承人进课堂教学策略与教学方法是进一

作者简介： 李文文，北京联合大学艺术学院讲师。

步深入推进工作、提高教学与传承效率的核心与关键。

目前，非物质文化遗产传承人进课堂的成效主要集中在丰富了校园课堂教学内容，活跃了校园课堂教学形式，个别院校做到了专业、学院和学校的特色化凝聚与专项人才培养。但存在问题也较为显见。如较为重视邀请形式，而学习传承的效果没有得到足够重视；传承人进课堂之后，发现学生并未对技艺表现出兴趣与热情，也没有积极主动地参与到技艺学习中；对作为教学输出方的传承人关注较多，对作为教学接受方的学生了解不够；关注点集中于邀请中的教学片段，而缺乏前期对传承人的调研考察与学生学情的持续性关注等。分析其根本原因，大致可归结为三个方面：其一是非物质文化遗产传承人进课堂与课程和专业的学习目标之间缺乏细致分析、分类与差异化策略选择，单纯地重视了邀请传承人进课堂这一行为过程，缺乏深入的教情和学情分析，致使教学效率一般，学生缺乏主体地位的确认与持续的学习热情；其二是"双师制"中两位教学任务承担者的职责边界与任务配合未有明确的行动指导与评价参照，如两者教学的行为过程尚不能对应课程总目标与阶段性目标的实施，使课程缺乏清晰的过程设置与管理；其三是传承人未有现代学院制教学体系下的教学经历与经验。如较年长的代表性传承人多成长在传统师徒制的传承环境下以手艺谋生，教师并非他们的职业工作，因而不熟悉学院制环境下的教学策略与方法。曾有一位錾刻传承人在课堂教学后说道："现在的学生和我们那会儿不一样。我们那时候长年累月跟着师傅，害怕师傅，尊敬师傅，十几年在一起。现在学生选择的机会多，要在短时间内充分展示技艺的魅力，还要让他们喜欢学，坚持学，很不容易，需要研究一种教法。"

二、BOPPPS 模型的"六步骤"与具体化应用

BOPPPS 模型是加拿大哥伦比亚大学的 Douglas Kerr 在 1978 年提出的一种教学策略，其初始目的是通过对教师进行教育教学方法的培训与应用性训练，帮助他们取得教师资格认证。这一模型将教学全过程设计为导入 B（Bridge-in）、学习目标/成果 O（Objective/Outcome）、前测 P（Pre-assessment）、参与式学习 P（Participatory Learning）、后测 P（Post-assessment）和总结 S（Summary）六个步骤。

教学环节	教学内容
导入 B（Bridge-in）	开课之前的引言环节。教师通过故事、即时事件、趣味知识等开启课程，旨在吸引学生注意力，激发他们的学习兴趣与对课程的关注度，并动力十足地加入课程的学习中。
学习目标/成果 O（Objective/Outcome）	课程达到的预期目的，可通过简要的问题式方式呈现，如对象是谁？为什么学？将学到什么？如何学？
前测 P（Pre-assessment）	在正式内容教授之前对学生原有知识技能的先测与摸底，可通过问卷、考试、提问、讨论等方式进行，其目的是在充分了解学生情况后有的放矢地设置教学内容、教学难度、教学重点和教学目标等。
参与式学习 P（Participatory Learning）	参与式学习是整个教学环节的主体，核心知识的传授、主要技能的习得均需在此展开，但学习过程特别强调学生的主体性参与，教师的根本任务在于合理设置教学内容与教学方式，起到规划与引导的作用。
后测 P（Post-assessment）	在学习结束之际对学习效果进行考核与评估。知识性课程可采用命题考试、小论文写作、现场答辩等方式进行；技能性课程可采用现场创作与展示的方式。
总结 S（Summary）	对所学内容进行梳理与总结，以发挥承前启后的作用。对学生而言，促进其总结并巩固已学知识技能，并建立新的学习目标。对教师而言，能验收教学目标，并进行有效教学反思与改进。

该模型将教学任务过程化、模块化、系统化，符合教学的教育性规律和学生的认知规律，而且量化指标明确，可操作性强。故而这一模型由起初的加拿大各级各类学校教师技能培训发展成为全球许多国家一线教师所推崇的重要教学策略，纷纷在不同学科门类的课堂中开展

教学应用研究与实践。

总观关于 BOPPPS 模型的应用研究，均集中导向一个终极目标——"高效教学"。其上层知识理论深入地与各学科门类课程相结合，根据学科、课程、教育教学主体等具体因素进行教学策略的可行性分析，主要解决如何提高课程的教学效率和教学质量等核心问题，实现教学的最优化。

三、BOPPPS 模型的具体应用与实践探索

针对目前非遗传承人进课堂的教学情境、面临问题与主要原因，BOPPPS 模型具有很大的参考价值与指导实践的作用。下文笔者以北京联合大学艺术学院工艺美术专业的《民间工艺美术》和《景泰蓝技艺》两个课程为例，基于教学实践与过程研究，运用比较研究的方法，论述 BOPPPS 模型的具体应用策略、成效与未来发展。其整体研究分为三个主要内容：一是课程中运用 BOPPPS 模型与否的教学效果差异；二是不同性质课程运用 BOPPPS 模型的差异化教学策略；三是总课程与各项课程内容运用 BOPPPS 模型的具体方法，即"大六步骤"与"小六步骤"。

1. BOPPPS 模型影响的差异化教学效果

《民间工艺美术》是工艺美术专业学生的专业选修课，课程中会邀请不同技艺的民间工艺美术传承人走进课堂，进行技艺的展示与教授。课程中选择的技艺并不是固定的，而是会根据课程需求包括科研合作等情况有一定的变化性。现将 2022 年邀请的技艺之一北京曹氏风筝与2023 年的技艺之一竹编技艺进行比较研究。

北京曹氏风筝源于《南鹞北鸢考工志》，因传此书为曹雪芹所著而得名。现在北京海淀区上庄李家坟村建有曹氏风筝工艺坊，藏品丰富。

2022 年北京联合大学邀请曹氏风筝进校园，并借用了部分藏品在手工艺博物馆展出。传承人孔令民、缪伯刚、孔炳彰先后走进校园，为学生讲授并示范风筝扎、糊、绘、放的四大技艺。但这一教学内容较多地缘由外在条件而进入课堂，未来得及按照 BOPPPS 模型进行充分准备，在教学过程中出现了一些问题。如前期学生因为风筝的趣味性参与课堂，后期遇到学习难点，逃课和放弃的较多；绘制风筝图案失败，觉得现在学习风筝技艺没有意义，结课作品草草了事；所学技艺不能灵活地应用于后续课程等。在课后教学总结中，笔者借助 BOPPPS 模型对课程进行了一定的反思与改进。导入中深入讲解曹氏风筝的历史发展与技艺特征能避免后期学生对学习内容价值的质疑；前测对学生原有绘画基础的摸底能有针对性地选择风筝图案；参与式学习中合理分解技艺难点，以单元式展开，能帮助学生由易到难掌握制作技艺，并通过后测查漏补缺；总结环节将风筝技艺与后续课程的链接进行系统梳理。相反地，2023 年的竹编技艺按照 BOPPPS 模型进行了系统地准备，教学效果有显著提升。在课程开始前校内教师和学生对竹编技艺和传承人进行了详细了解，其中学生搜集的当代竹编艺术家创作案例在整个课程中起到了非常重要的作用，如国内外多位以编织为主要技法的首饰设计师、雕塑家等。学生在竹编技艺中看到了历史传统的当代魅力与发展可能性。校内教师和传承人合理设置教学环节和教学目标，发挥主导作用，学生作为主体，参与式学习热情高，学习效果好。由此可见，课程中运用 BOPPPS 模型与否，其教学效果差异明显。

教学环节	教师的教学行为	学生的学习行为
导入 B	校内教师介绍竹编工艺，着重分析其生成的自然历史条件以及与人们生活的关系，理论性较强。传承人以个人视角与经历进行生动展示说明。	搜集 2 至 3 个竹编技艺在当代生活或艺术创作中的应用案例。
学习目标 O	通过了解竹编技艺，体会每项技艺背后的人文内涵；学会 5 种左右组织技法；尝试基于竹编技法的作品创作。	分组访谈传承人，包括她的学艺经历、学艺心得、代表性作品、生存现状、发展规划与面临困境。
前测 P	以问答与尝试制作为形式了解学生是否接触过竹编以及习得的编织技法。	以璎珞绳模仿竹篾尝试编制一件小作品。
参与式学习 P	校内教师协助传承人运用"小六步骤"的方法教授平编底、四角孔、米字型、斜纹、圆口、六角孔、三角形等基础且常用编法。	跟随老师用竹篾进行技法学习，并用文字加图示的方式记录编织技法。

教学环节	教师的教学行为	学生的学习行为
后测 P	以二次编织的方式检验学生的掌握情况，列举基于竹编技艺的创新型艺术家，并分析其作品技法与创作理念。	二次编织，掌握技艺，并尝试创作新作品。
总结 S	总结竹编学习要领，简要说明后续衔接课程《金属工艺》中与竹编相关的技艺。	总结前期的技法记录，并以创作说明的形式书写新作品的创作思路，同时做好已完成作品的收藏保护工作。

2. 不同性质课程决定的 BOPPPS 模型差异化教学策略

学校多年致力于景泰蓝技艺的传承与发展教育，目前其主要分为两类课程：一类是校园美育类普及课程，有时也会以短期活动的形式进行；另一类是工艺美术系的学位课程。这两门课程在运用 BOPPPS 模型时教学策略和内容有很大不同。美育类课程以欣赏并感受技艺之美、初步体验制作技艺并能传播景泰蓝文化为目标，对传承人的要求门槛相对低。导入 B 中宜用大家耳熟能详的景泰蓝故事或精美作品吸引学生进入学习情境，前测 P 则简单了解学生是否接触过景泰蓝并初步问询对课程的预期或学习目标。参与式学习 P 中是主要技艺流程的体验，需要简便、易操作、成品效果好，这样才能让学生有好的参与感，不宜有过多高难度专业性知识技能。后测 P 和总结 S 较多以作品展示和体会分享为主，给学生留下美好体验。

景泰蓝技艺在学位课程中是专业核心课，并在课程结束后还有高阶的创作课和珐琅国际工坊衔接。因而，整个课程相比美育普及课有很强的专业性和研究性。在课程开始之前即需要校内教师与传承人充分沟通，尤为重要的是对传承人的选择。从技艺专业角度来看，不同的传承人持有不同的核心技艺。如有的掐丝生动灵趣，有的点蓝炉火纯青，有的搂胎独具新意，有的一直钻研创造性转化与创新性发展。基于课程需求选择传承人，能使传承人之于课程发挥"画龙点睛"的作用。导入 B 中从发展史的角度介绍技艺，突出技艺的丰富性与流变性，强化对学生的吸引力。学习目标 O 按照技艺流程详细分解目标，学生既要掌握基本的景泰蓝技艺，更要在此基础上收获后续课程发展需要的基本素养与核心能力。前测 P 的重点在于校内教师与前序课程教师的沟通，了解课程已经教授的内容和学生已经习得的技能，并在此基础上调整教学目标。参与式学习 P 中在传承人的示范引导下按技艺流程掌握每道工序。极为重要的是技艺要点和传承人多年积累的操作经验。以掐丝为例，从理论和一般层面理解，就是将铜丝或银丝按照设计掐制成图案。但其中的技艺要点是掐丝之前必须捋丝，即用镊子把丝捋平直，否则影响线条的流畅与图案的美观。此外，所掐丝不能出现首尾不接触的线段，因为丝的两端必须有焊接，否则容易出现"倒丝"，后期无法点蓝。在这一环节中，作为主体的学生、技艺示范的传承人和讲解概括的校内教师必须各司其职，紧密配合。后测 P 除了评估学生随堂作业，还需要通过创作验收技艺的应用。总结 S 中回顾学习过程，巩固习得知识技能，解决疑惑。更主要的是开启后续课程，帮助学生构建知识结构，形成系统思维。通过 BOPPPS 模型在不同课程性质景泰蓝技艺中的比较应用可知，活泼的学生个体构成差异化目标的教学群体，其教学模式与方法需要在不断调适中生成，具有对象化特征、变化性与灵活性。

3. "大六步骤"与"小六步骤"的灵活运用

就一门课程而言，其由多项教学内容组成。课程整体教学目标的完成建基于各分项教学内容的掌握。BOPPPS 模型的应用有利于帮助教师整体把控课程，但在具体教学实践中，分项目标的完成依然需要借助 BOPPPS 模型进行过程性管理与阶段性成果验收。如景泰蓝技艺中的设计、制胎、制丝、掐丝、点蓝等，每道工序都需要在参与式学习中完成既定目标。这里把分项目标中 BOPPPS 模型的应用称为"小六步骤"，以区别于整个课程的"大六步骤"。"小六步骤"的提出缘因传承人在传统情境中的技艺传授与习得有较长时间线，相反，现代教学体系中的课程有严格课时和学分要求，如果过程性管

明体达用，体用贯通：在青少年中普及和推广非遗教育

王勤智　赵　辉

2021 年 8 月，中共中央办公厅，国务院办公厅印发的《关于进一步加强非物质文化遗产保护工作的意见》中提出将非遗文化融入国民教育体系。将非物质文化遗产内容贯穿国民教育始终，构建非物质文化遗产课程体系和教材体系，出版非物质文化遗产通识教育读本。在中小学开设非物质文化遗产特色课程，鼓励建设国家级非物质文化遗产代表性项目特色中小学传承基地。加大非物质文化遗产师资队伍培养力度，支持代表性传承人参与学校授课和教学科研，引导社会力量参与非物质文化遗产教育培训，广泛开展社会实践和研学活动，建设一批国家非物质文化遗产传承教育实践基地，鼓励非遗进校园。

习近平文化思想提出要"着力赓续中华文脉、推动中华优秀传统文化创造性转化和创新性发展"，这是在新时代继承和弘扬中华优秀传统文化的思想指引与实践指南。上海市梦想加油站青年发展交流中心以习近平文化思想"明体达用、体用贯通"为指引，聚焦非遗进校园的内容和理论创新，丰富青少年在非遗教育的表达形式，促进中华优秀传统文化高质量发展。

具体而言，梦想加油站以体现上海本土特色的海派非遗内容为核心，通过海派非遗 STEAM 跨学科课程来"明体"、依托研学实践来"达用""华夏学子说"青少年讲好中国故事短视频征集活动促"体用贯通"。

作者简介：王勤智，上海市梦想加油站青年发展交流中心常务副理事长；赵辉，上海市梦想加油站青年发展交流中心教学研究员。

理缺失和阶段性目标模糊，将导致课程完成的教学目标浅，学生掌握的知识技能少，人才培养质量低。使用"小六步骤"清晰分解各项教学内容，并及时进行后测与总结，同时开始新内容的学习，这将大大提高教学效率与质量。2022 年的景泰蓝技艺课程将重点放在了"大六步骤"的应用实践，学生共完成正方形景泰蓝装饰画一件、赏盘一件。2023 年的课程将"大六步骤"与"小六步骤"同时使用，景泰蓝的六大主技艺均按"小六步骤"严格管理流程，学生在完成上述作品后，剩余课时还进行了设计师个案赏析，并完成两件自主设计景泰蓝首饰作品。从原理上理解教学总目标与分目标、"大六步骤"与"小六步骤"相对容易，但其挑战在于教师和传承人科学合理地分解教学目标，并设置有效的学习形式和后测方式，每个课时耐心组织，及时推进学习进程，高效地提高学习质量。

教学模式与方法的形成基于较长时间段的教学实践、教学反思与总结。其生成的理论与方法一方面指导进行时的一线教学，发挥航向与航线般的导引管理作用。同时，也不断受到新教学的反馈、补充与调适。BOPPPS 模型原境地生成于加拿大教师技能培训，意在为教师提供一个涵盖课堂教学各环节的完整框架。这一模型在引进我国各级各类教育后，首先面临着在地化的挑战。在"非遗传承人进课堂"中的应用，又具有了教师、教学内容、教学目标等方面的新变化。因而，更需要灵活巧妙地内化在具体课程中。文中讨论的三种不同方式来源于教学实践，同时其概括性也一定程度上消隐了教情、学情的生动鲜活性。不同情境、不同教师、不同课程、不同学生应该也必然在精心组织的教学中收获大于甚或超越 BOPPPS 模型的成果与成功。在我国推进非物质文化遗产的保护与发展中，切实发挥培养高质量人才、赋能高质量发展的巨大作用。◈

一、开展"非遗进校园"过程中存在的一些现状分析

非物质文化遗产是中华优秀传统文化的重要组成部分，创新非物质文化遗产传承路径是增强文化自信和建设社会主义文化强国的题中之义。"非遗进校园"是在青少年层面开展非遗传承和活化保护的重要形式，以非遗为代表的传统文化也可以丰富、补充校园文化。"非遗进校园"不仅可以让青少年学生了解到中华璀璨文明，更可以拓宽学生的艺术视野、动手能力，提高学生整体素质，还可以激活青少年潜意识里的传统文化基因，增强文化审美情趣。学生主动参与非遗的学习和体验，可以使非遗借助青少年的双向互动而得到更好的传承。

非遗传承人进校园做讲座或现场教学、开展非遗社团活动，甚至开设非遗课程教学，这些都是比较热门的"非遗进校园"教育活动。其中既有值得推广和借鉴的好经验，也有值得完善的空间；例如，有些非遗教学活动存在着流于形式的现象，请传承人做一次非遗表演、组织学生看一次非遗展览，看似热闹，实则蜻蜓点水，无法有效激发学生的兴趣。而这些问题的背后，"非遗进校园"存在以下两个值得探讨的观点。

1. 非遗教育，是专一，还是多元

在梦想加油站有接触的中小学校中，有着对于非遗教育在校园层面如何开展的两种不同的方法。有些学校，看重打造有学校特色的非遗项目。例如，上海市朝阳中学将"打花棍"这一上海市非物质文化遗产项目带进校园，从办社团、进课堂，到形成特色体育课程，编撰非遗教材。朝阳中学由校长带头，全员学习并主动挖掘"花棍文化"，让打花棍这一民间技艺在学校里找到了适应其生根开花、开枝散叶的土壤。2020年10月，在第二届"非遗进校园"优秀实践案例征集宣传活动中，朝阳中学的打花棍案例入围"十大创新实践案例"。也有学校，则希望让学生们能够在有限的时间中接触到更多种类的非遗项目。因此，邀请非遗传承人走进校园、开设不同品类的非遗社团，从学生兴趣入手，自主选择自己愿意去了解或接触的非遗项目。如果可以让更多不同的非遗项目让更多青少年学习了解，对于非遗的推广和普及自

然有着非常大的好处，但在实操层面却并不容易，特别是在师资上。非遗传承人数量有限，即便可以走进很多校园，他们更多是技艺的传承人，对于教学并非都是专家。而学校的老师，对于非遗的内容却并不精通，因此也很难给学生进行全面的知识普及、技能培训。

2. 非遗教育，是可选动作，还是规定动作

对于非遗教学的开展，大多数学校会选择以兴趣活动或者社团课程的形式来实施，主要有两方面的考量。一是时间。学校都要完成既定的教学任务，特别是进入到初中和高中学段，可以让学生自主支配的兴趣类学习时间变得更加有限。要把非遗内容放在日常教学计划中，学校既在甄别和选择适合内容方面有困难，同时也很难保障充裕的教学时间。因此，社团课程以及"330课堂"成了"非遗进校园"的主流方法，但从实施效果来看，社团的辐射面相对有限，而"330课堂"在专业性和系统性方面很难得以保障。二是师资。学校老师都要根据教学大纲制定自己的教学计划和内容，即便现在有了很多跨学科教学时间，老师也很难从"非遗专家"的角度，把非遗的知识与教学大纲进行紧密结合，因此让校内老师开设非遗课程，的确有点强人所难。非遗传承人懂专业，但无法把"非遗专业"和教学大纲进行无缝衔接，更多是从技艺层面进行教授和指导。时间和师资让非遗教育更多停留在"可选动作"，而非"规定动作"。

二、明体，用孩子们喜欢的方法、以学校认可的模式，创新非遗教育内容

上海有海纳百川的精神，有赓续传承的基因，上海非遗一直以来就独具魅力。保护好、传承好、利用好非物质文化遗产，对于延续历史文脉、坚定文化自信、推动文明交流互鉴、建设社会主义文化强国具有重要意义。作为上海的本土社会公益组织，近年来梦想加油站一直在努力探索有上海本土特色的海派非遗在青少年层面的普及和推广工作。在上海市文化和旅游局非遗处的指导下，梦想加油站与世久非遗保护基金会、璞远教育等专业机构共同携手，将有上海地方特色的朵云轩木版水印技艺、金山农民画艺术、石库门里弄建筑营造技艺＆居住习俗、海派皮影戏等非遗项目，以

STEAM教学的方式，探索非遗教育进校园的有效路径。主要有以下两个方面。

1. 非遗教育，要让孩子们有参与感、成就感、自豪感

为了更好在青少年层面推广和普及非遗教育，有参与感的教学内容是至关重要的第一步。要让青少年明非遗这一"体"，不仅要给予理论上的介绍和指导，更要让他们"动手"参与进来。例如，梦想加油站与中华路第三小学，这一坐落于上海老城厢内的百年老校，开展合作石库门里弄系列课程。学校致力于培育有家国情怀、文化根基、海派特质、国际视野的中华"小八腊子"，而石库门动手实践课程正好与学校的《小八腊子游老城厢》主题课程相得益彰。课堂上不仅介绍了石库门建筑形态产生的历史背景、石库门中西结合的建筑营造技艺、石库门里弄的居住习俗等知识，更是通过粒子结构模型，让学生亲自"搭建"榫卯结构的石库门建筑，在制作过程中，进一步了解了"老虎窗""灶披间""山花"等有石库门特色的建筑结构。

动手实践只是第一步，更重要的是在学习过程中，让青少年获得非遗教育的成就感，激发他们进一步学习的兴趣。众所周知，非遗项目既拥有悠久的历史，同时对实践者在技艺层面的要求也相当高，需要进行长时间的学习和实践。因此，为了让孩子们在参与学习后能够有成就感，要进行一定程度的"降低难度"。例如，梦想加油站与淘阳路小学合作开展的朵云轩木版水印课程，用特制的硅胶材料取代了传统木板，该材料既保障了水彩在宣纸上的色彩附着度，同时也让课程包变得更加轻便，对于学生也更容易上手。通过学习和动手体验，小学生也能像模像样地复刻出一幅幅精美的版画，并在学校艺术展进行了展示。看着自己的艺术作品被展示出来，不仅让孩子们获得了成就感，更加深了他们对于木版水印这一国家级非遗的了解，增进了他们对于优秀传统文化的自豪感。

2. 非遗教育，要给学校教育"赋能"和"减负"

非遗教育在学校层面的推广和普及，一定要让课程给学校"赋能"的同时还要"减负"。首先是"赋能"，《中共中央国务院关于全面加强新时代大中小学劳动教育的意见》提供了一个很好的政策支持。《意见》提出，要在学生中弘扬劳动精神，培养学生正确劳动价值观和良好劳动品质，发展学生的基本劳动能力和劳动习惯，构建德智体美劳全面培养的教育体系，把劳动教育和传统文化相结合，形成系列课程。在教育部新编劳动教育的任务群中，就有专门的教学要求—传统工艺制作。其中，纸工、泥工、布艺、印染、皮影、木版画、篆刻、拓印、景泰蓝等很多非遗技艺都在劳动教育任务群里得到体现并阐明要求。因此，把非遗教育用STEAM探索实践的方式进行开展，有效帮助学校丰富了自身劳动教育课程的建设。其次是"减负"。进入初高中学段，随着教学任务的增加，学生的学习时间变得更加宝贵，学校希望给学生提供非遗相关的课程，但更希望是在保证教学任务的情况下。因此，跨学科的非遗主题课程，把非遗知识与相关学科的教学点进行结合，让学生们在了解非遗的同时，温故或知新其他学科的对应知识点，也给了学校开展这种教学形式的动力。例如，梦想加油站与协和培明双语学校开展了敦煌主题的非遗课程，在教学中，把丝绸之路、敦煌艺术、敦煌科技、文化传承与语文、历史、地理、物理等学科知识点进行结合，不仅介绍了敦煌的非遗主题内容，也对初中相应学段的教纲知识点进行了温习或者预习。

三、达用，在研学实践中，进一步激发青少年探索非遗的兴趣

依托劳动教育新课标，梦想加油站在开展非遗教育的时候，不仅把非遗知识带进校园，更是组织青少年走出去，实地研学，进一步感受非遗的魅力，激发他们进一步探索非遗的兴趣。

纵观近年来全国劳动教育实施现状，有了新课标，但课程、课本、资源包、师资、社会实践基地等配套还是全线不足，仍然处于实践探索期。教育部并不针对新课标编印部编版统一劳动课程，需要各省市根据各地方经济产业结构与特色自行设计开发具有地方特色的劳动教育课程。而现有劳动课程同质化（清洁与卫生，传统农业生产劳动为主）严重，地方特色不足，不匹配当地经济产业结构与特色，特别

是传统工艺制作方面的动手实践资源包和社会实践基地。

梦想加油站认为，非遗劳动课应该和非遗研学实践活动结合开展。"观察访问＋探究体验＋动手实践"是梦想加油站开展研学活动中的主要特色。课堂上的非遗知识让学生们"明体"，而研学中的非遗体验则能帮助青少年"达用"。

在世久非遗保护基金会的资助下，梦想加油站与基金会共同发起"行走上海，读懂家"系列公益活动，组织外来务工人员、少数民族、国际学校、本地社区的青少年群体进行海派非遗主题的研学实践活动。以金山农民画这一上海市级非遗项目为例，来到位于金山的中国农民画村，通过展陈的农耕用具引起青少年的兴趣，让他们了解到劳动工具、生活用品、民间习俗、民间艺术等都是金山农民画的灵感来源。既有参观优秀农民画展示，也能在农民画家指导下，创作一幅金山农民画，作为研学的实践任务。

梦想加油站在开设研学内容的时候也在不断创新探索，以海派皮影为例，既有对经典的沿用——组织学生前往中国民间皮影艺术馆，欣赏各个时代的皮影作品和皮影戏剧本，在皮影戏台上合演一出皮影戏；也会结合时尚和创新元素——与星巴克合作，组织学生前往慎余里的星巴克非遗体验店，制作"熊店长"系列皮影，并排练现代皮影戏。

四、体用贯通，用短视频的形式，把自己的非遗故事开展"华夏学子说"

开设非遗STEAM课程来"明体"，开展非遗研学实践进一步"达用"，梦想加油站认为开展非遗教育的重中之重，是培养青少年的非遗主人翁意识，以有效的传播手段和路径，让孩子们参与讲好非遗故事，做到"体用贯通"。自2021年起，梦想加油站每年都会组织"华夏学子说"活动，号召学生以短视频的形式，用中英双语，把自己对于中华文化、非遗的理解和认知讲述和拍摄出来。2023年，第三届"华夏学子说"在上海市文明办的指导下开展，并在新媒体平台哔哩哔哩和抖音上开设了专栏。很多诸如美食制作、服饰、传统技艺等非遗项目，通过青少年创意的短视频，有了新的诠释方式，并以更年轻化的视角，将非遗故事进行传播。

青少年是国家的未来，明日的栋梁，更应该承担起弘扬中国文化的重要使命，未来栋梁，青春发声。据统计，三年来有来自上海、长三角地区及上海对口援建地区200余所学校的3万多名中小学生报名参与"华夏学子说"，其中不乏少数民族学生、港台学生和外籍学生。同学们以短视频这种易于传播的形式，把自己对于传统文化和非遗的理解，通过一个个朴素、真实、感人的故事，从青少年的视角对中华文明进行了诠释和呈现，充满童趣，积极向上。"华夏学子说"活动得到同学们的广泛参与得益于各所学校的认可和支持，来自风华初级中学副校长林文琴的感言代表了参与学校对于用短视频讲好中华文化故事的态度。她认为，学校应该坚持为每一个学生的终身发展不遗余力地搭建各种舞台，提供各种机会。而"华夏学子说"的举办正是提供了一次以中华文化为切入点，鼓励学生通过探究、思辨、创意、团队合作进行短视频创作的优质活动。学校一贯秉持要用孩子们感兴趣的方式开展教育，而"华夏学子说"用短视频讲好中国故事就是学生们非常喜欢和感兴趣的形式，因此学校把活动与校内常规学科活动一起开展，有效提升了参与度，也为活动贡献了不少精彩作品。

五、结语

非物质文化遗产的主要内容是在人民生产劳动、日常生活和社会组织活动中产生的，反映了我国劳动人民的生活生产方式，具有自己独特的民族特点，非遗文化是民族精神的载体，也能反映出一个民族的文化特色。让青少年群体接触、了解和学习非遗，可以从先辈们的劳动成果中汲取有益的营养成分，在自身的学习和未来工作中起到参考作用。梦想加油站以"明体达用，体用贯通"为指导，开展非遗与劳动教育相结合的STEAM动手实践课程让青少年接触非遗，组织非遗研学实践活动让青少年进一步体验非遗，通过"华夏学子说"活动让青少年展示、表达、宣传非遗，参与讲好中华文化故事。这一实践经验，不仅可以让青少年有效学习并了解凝聚了我国劳动人民智慧的非遗文化，提升自身综合素养，同时也能增加民族认同感，增强民族自豪感。◈

弦歌不辍　薪火相传

——河南大调曲子非遗代表性传承人阎天民访谈实录

受访者：阎天民　采访人：韩　璐

河南大调曲子是我国重要的曲艺品种，历史悠久，2008 年经国务院批准被列入第二批国家级非物质文化遗产名录。当前，随着国家对曲艺类非物质文化遗产的高度重视，推动大调曲子这一优秀传统文化的保护、传承、发展工作变得尤为重要。

阎天民（1938.11—），南阳籍著名曲艺作家，河南省首批非遗项目大调曲子代表性传承人。1958 年至今 60 年来，其一直致力于曲艺作品的创作与整理工作，并取得丰硕成果。笔者在文章中以访谈形式详细记录了阎天民先生所经历的大调曲子变迁，以及对大调曲子进一步保护传承的建议和思考。

一、我与大调曲子的不解之缘

韩：您是从什么时候开始接触大调曲子的？

阎：我接触大调曲子应该是在童年时期，大概七八岁，那时我住在安皋外婆家，就读于安皋小学。当时南阳还叫宛城区南阳县，南阳县有金（赊店）、银（瓦店）、铜（石桥）、铁（安皋）四大镇，这四个镇上都有唱大调曲子的。安皋街上唱大调曲的有"黄仙儿"等一班人，一到晚上月亮出来，老艺人们在路边的碾盘上放盏灯，碾盘前面摆上桌子和几把椅子，就开始唱了。我那个时候在南关的安皋街北头住，晚上就围在那里听，印象中听他们唱《王婆骂鸡》《拉荆笆》这些婆婆妈妈的戏，后来被艺人们称为"针线筐筹戏"。另外安皋街南河坡里经常唱高台曲，就是

小调曲子，我经常跟着大人们去河坡里看高台曲，我印象中有看过"大金牙""白菜心""小洋人"（艺名）等艺人们的戏，后来著名大调曲子演员夏金亭唱的就是这一帮人的戏，如《花庭会》《水漫蓝桥》《月下来迟》等，我都很喜欢看。那时年龄小，听不懂词什么意思，就觉得很好听。这也说明大调曲子有它的艺术魅力，不然没这么多人看，也就传不下来了。

韩：请讲讲您的工作经历。

阎：长大以后，1955 年我从省立开封艺术师范毕业后回到南阳县，被分配到英庄村小学教美术，教了一年便调到了南阳县文化馆。算是我人生中第一次正式接触大调曲子的经历。

来到县文化馆后，馆长给我的分工是抓业余创作，同时还担任文化馆曲艺专干，业余创作中需要研究曲艺、艺人。当时仅南阳县（现南阳市宛城区）民间曲艺艺人就有接近二百人。其中唱大调曲子的有三分之一，唱鼓儿词的也有三分之一，剩下的就是唱河南坠子等。那时南阳县搞创作的作者也多，有五六十人，其中有三分之二都是写曲的。因为县里有个曲艺队，馆里用钢板油印自办了一本刊物，叫《曲艺作品》，经常把大家写的稿刻印成刊，每个月都出一本，因此成长了一批曲艺作者。如袁清岑、兰建堂、周同宾、丁辛秀、何清科等。这三十多个曲艺作者后来有一大部分都写得不错，甚至在全国曲艺杂志上都发表作品。我一开始是写短篇小说的，创作小说的同时也写过几篇曲艺作品，很多都发表了，有

基金项目：本文是河南省高校人文社会科学研究项目"互联网＋视阈下河南大调曲的数字化传承与发展研究"（项目编号 2021-ZZJH-266）的阶段性研究成果。

作者简介：阎天民，河南省首批非遗项目大调曲子代表性传承人；韩璐，南阳师范学院音乐学院讲师。

一定的影响。我还写过诗歌，不过对于传统曲艺，我还是情有独钟的。

二、生活是创作的唯一源泉

韩：您是什么时候开始专注于曲艺创作了呢？

阎：我和曲艺艺人们关系很好，唱大调曲子的、三弦书的、鼓儿词的，他们唱我就听。由于大调曲子属于民间文学，是艺人师徒代代口传心述的，即使有谱子，也是"十书九不同"，演唱者都不是出自同一个版本。如《三请诸葛》，就有三四种唱法，唱词和曲调都不一样。后来我搜集整理了几百首曲目，都得益于老艺人们的演唱和口述。这些老艺人们都是有师承的，声腔调门功底深厚，如大调曲子艺人王富贵、华彦昌、张松亭、仝振武等，还有曲艺队中的胡运荣、李玉兰、马香申、白灵芝等。那时还没有录音设备，我到哪里就装个笔记本，在与艺人交流的过程中听到什么就马上记录下来。这个阶段我发现有些传统曲艺中的文学、艺术价值和社会功能都远远超过后来作者们写的东西，这时我才真正意义上开始发现传统曲艺的魅力。

记得1958年我骑车去石桥镇办事，晚上留宿在田汉茶社，当时的负责人仝振武给我在墙边铺张床，让我听艺人们唱大调曲子，困了就睡。当晚石桥镇的曲友们全都到了，唱者认真，听者陶醉，我睡到后半夜他们还唱得意犹未尽。艺人们发自内心的热爱和如痴如醉让我领略到传统曲艺的魅力，这才是我们中国人的爱好。中国曲艺家协会副主席陶钝曾跟我说过："曲艺这个东西，你一旦爱上就离不了，结下终生不解之缘。"传统曲艺之所以能流传下来，是经历过千锤百炼、大浪淘沙的，是经得起时代考验的。后来我也参加过不少全国的曲艺汇演，很多地方的曲艺单从音乐的曲牌和唱腔来说都没有大调曲子多，如东北的二人转、上海评弹、北京单弦、四川清音等，相比之下南阳大调曲子音乐数量上更丰富，质量上也不差，流传下来的词文学价值也很高，所以我的愿望就是想把南阳曲艺中的精品记录整理下来，研究起来，能让全国观众欣赏到南阳的民间音乐文化精粹。

韩：您在学习曲艺创作时是否有启蒙老师？其中有什么让您难忘的事呢？

阎：受了多年大调曲子的熏陶，我也跟着会唱一些调门，不过不多。我学习大调曲子的启蒙老师是被称为"曲子圣人"的张松亭先生，1958年文化馆成立曲艺队，将张老师请来教大调曲子。张老师当时五十多岁，造诣颇深，教唱极其认真，手把手教我唱鼓子头。大调曲子有记录的是三百多个曲牌，但常唱的主要是其中的几十个，不同的曲牌按照不同的顺序再组合又是不同的曲子，学唱时虽没有谱子，但跟着唱久了就记住了。我学习曲艺创作的启蒙老师是袁清岑，1957年南阳县成立第一支曲艺队，袁清岑调来任队长。他是南京军区部队文工团的演员，曾师从高元钧老师学习表演山东快书。1957年我们两个在茶庵乡驻队时，他经常在繁忙的演出活动中挤时间创作，每次写完以后都拿给我看，我听完后大受鼓舞，也开始学写曲艺。清岑教我写曲艺中的韵辙，我还记得一句很经典的韵辙口诀："小佳人，出房来，扭捏东西南北坐。"后来我发现曲艺与文学有共通性，曲艺艺术中既有"下里巴人"，也有"阳春白雪"，为何不能将曲艺升华得更雅一点呢？于是我在写作时有意识将曲艺和诗融汇结合，让曲艺作品不完全流于"下里巴人"。

韩：请阎老师具体介绍一下您在曲艺创作的相关领域都有哪些学术成果呢？

阎：我从20世纪50年代开始从事创作、整理、研究曲艺至今，已发表相关作品和论文等两百余篇，其中有20部作品获得国家级和省级奖。1988年我搜集整理的民间说唱文学集《九女传奇》出版，1990—1995年我参与了《中国曲艺志——河南卷》的编纂工作，之后又相继出版了《南阳名人传奇》《阎天民作品选集》《大调曲子精粹》等12部著作。2004年我与雷恩洲合著的《南阳曲艺作品全集》共八卷三百万字，是几十年来搜集整理到的南阳地区一千多篇传统曲艺段子，由河南大学出版社出版后，《人民日报》《曲艺》等杂志都发表了评论，认为其"丰富了中原乃至全国的曲艺宝库，填补了一项空白"。最近一部作品就是2016年出版的《南都曲谈》，其中也详细记载了我的创作历程及曲艺作品选辑。

韩：那您的作品都涉及哪些曲种呢？

阎：我写过很多曲种，大调曲子、坠子、鼓词作品都有。一般曲艺就是五字句七字句，唱词的区别不大，唱大调曲也可以，唱鼓儿词也可以。但大调曲子有曲牌限制，像过去的元曲一样,有长短句和字数要求。有些曲牌是定格的,如"坡儿下"要求必须七句,上面四句下面三句。我就标上调门,按大调曲子唱。有时唱词写出来,艺人们自己岔调进行改编。

我创作的曲艺作品已发表的大概有两百多段,题材内容上有这几个方面:一种是反映历史和政治斗争的,如《骄杨赞》《闯江记》《雪原枪声》《三炸敌堡》等;二是反映人民生活和社会生活的,这类题材的作品很多,像是《货郎下乡》《卖马记》《山村喜事》《青山恋》等;人物传记类的,如《张衡观天》;民俗方面的有《节日赞》;古诗文如《岳阳楼赞》。我的创作一直跟着时代变迁而变化,生活中看到有所感动的就坐下来记录,就像周同宾给我书中的序言写道:"每个时代的变化都在我的笔下留下印记。"

三、大调曲子历史发展的见证人

韩:您所了解的大调曲子是什么样的生态环境?都经历过哪些变革?

阎:河南大学教授张长弓写的《鼓子曲言》中讲述过大调曲历史,据李长溪、丁辛秀的《大调曲子初探》中可考证大调曲子有 600 多年历史。新中国成立前大调曲是文人雅士的玩意,是供商人、教师、地主阶层的文化人自娱自乐的,无营业演出,不同于唱鼓儿词的,晚上拎着鼓来唱完以后去各家各户收点粮。大调曲子是以曲会友,如邓县的曹东扶、唐河的党振藩、石桥镇的郝吾斋,他们都是经常相约去哪个曲友家,去了以后管饭,白天在一起唱,一住十天半月,走时还送盘缠。1949 年以后就变了,南阳县文化馆给老艺人们组织起来编成小组,选个组长,大家背着三弦、琵琶等乐器,由文化馆开封介绍信,去哪个公社和村里演出,演出完大队管饭,再给个烟钱。当时南阳地区仅这些半职业艺人就有两千多人,农忙时在家种地,农闲出去行艺挣点钱。曲艺被称为"文艺轻骑兵",背上乐器到哪里都可以唱。新中国成立后很多曲艺名家都被请去中南海演唱,有了中央的提倡曲艺发展就更加繁荣。

大调曲子的第一次变革是河南曲剧的出现。大调曲子原来被称为鼓子曲,尽管雅俗共赏,但从曲词、曲牌和演出形式上仍是典雅稳重,不管是坐堂演唱还是茶馆听曲,听众面有限。1920 年

以后大调曲子被搬上舞台成为高台曲以后,演员们把其中通俗易学、节奏明快、朗朗上口的曲牌唱腔吸收过来并进行大胆创新,由乐器伴奏化妆演戏,深受老百姓的喜爱。曲剧兴起后,为区别曲艺和曲剧,统称为"大调曲子"和"小调曲子"。曲剧的发展对大调曲子来说是一次变革,也造成了冲击。之后在"文化大革命"时期,传统戏曲曲艺被定性为"四旧",不让表演了。在"砸烂封资修"的高压政策下,大调曲子和其他民间艺术一样遭到破坏,演员被迫改行,整个戏曲曲艺环境一片萧条。当时为了跟上宣传形势政策的需要,我也写过一些东西,在大调曲子原有的曲牌基础上改编了新的唱词。那时期新曲的演出形式和以前完全不同,纯粹作为宣传工具,艺术性不强。一直到 1978 年党的十一届三中全会提出"振兴民族文化",传统曲艺等文化百废俱兴,大调曲子也慢慢开始复苏,各县纷纷恢复了专业说唱团,并开办曲艺培训班。最繁荣的时期,省会舞台和南阳地区举行很多次曲艺汇演,新老曲目都开始唱了,各县文化馆也出了很多好作品。

我从 1957 年进入南阳县文化馆,一直到 2000 年退休,几十年来一直在文化单位搞曲艺创作,可以说我是南阳曲艺历史发展的见证人。

韩:请您谈谈大调曲子的现状如何。

阎:目前来说大调曲子现状不容乐观。一个是大调曲子传承人青黄不接。像黄天锡、李长溪这些老艺人们很多都已故去,表演大调曲子的都是 50 岁以上的,年轻人唱的太少,再年轻一些就是艺校的学生和说唱团的职业演员们。南阳曲艺最繁荣的时候十三个县市有十三个曲艺队,现在都没有了。河南省内专业的说唱团就剩河南省演艺集团和南阳市说唱团演艺公司两个了,南阳市下属各县还有曲艺表演团体,但都不是专业的。另外从事该艺术的新人越来越少,青年演员缺乏演出经验,专业知识和表演能力也有待提高。若无师傅长时间口传心授,很难让学生对唱奏风格、特点和技法等做到精确地把握。作为曲艺传承群体,要坚守自己的艺术特点和个性,这是传承方面的难点。

其二就是大调曲子的改革。传统大调曲子曲目的艺术性和文学性都很高,但与现代生活相差甚远,传承人们现在唱的还是几十年前的东西。现在的形势已经变了,传承要有时代

精神，无论曲艺哪个门类，都需要在发展中前进。正如习总书记所指出的，文艺作品要反映时代精神和时代风貌，与时代接轨，不能裹足不前，更不能故步自封。大调曲子的内容需要革新，在音乐和表演形式上也要进行革新和二度创作。为何说大调曲子到小调曲子是音乐上的一次改革？一种艺术要继承发展，除了保持自身的多样化和不拘一格，取其精华进行转化，还要和民众生活融为一体，才能发展和普及。相比小调曲里一些唱腔调门把热闹的东西保留下来，做到在演出过程中一人唱众人合，大调曲子一唱四十八板的程式性很容易导致观众形成审美惰性。所以要传承发展就要创新，要与时俱进，否则走不远。

四、对大调曲子传承保护的思考

韩：作为大调曲子研究者和传承人，您对大调曲子的传承和发展有什么看法？

阎：我认为要繁荣曲艺，有许多问题需要思考。比如大调曲子现在面临着严峻的形势，要从哪几个方面改革？首先要抓传承。艺术发展要有平台，党的提倡和政府的支持很重要。对上来说多提供平台，新老曲目多搞曲艺汇演和调研，交流艺术经验，举办曲艺大赛和节目展演，宣传文化部门也要多抓专业曲艺团体和群众性的曲艺活动。每年都开展这些活动，做成气候，演唱者的热情提高了，民众的兴趣增强了，社会关注度自然也就上来了。你看同为"曲艺之乡"的宝丰县，把马街书会延续至今。每年农历正月十三来自全国各省市的曲艺艺人们都云集在宝丰县，各种曲艺形式应有尽有，规模非常壮观，在全国都很有影响。对下来说，要培养曲艺新人，壮大曲艺队伍，推进人才培养计划和建立长效机制。去年河南省文旅厅在南阳市艺校办的"中国非遗传承人群研培计划曲艺培训班"就很好，对年轻的传承人是一次很好的提升。文化部曾提倡传统音乐进校园，现在高校不是都开设了曲艺类相关课程嘛，让年轻人们多接触，能在一定程度上推动大调曲子的传承和弘扬，增强大调曲子在校园中的文化影响力。

第二，抓创作。陶钝主席曾给我来信说过，"曲艺要繁荣，必须争取青年观众"。这就需要我们的曲艺作家们努力学习曲艺理论和研究。多举办曲艺理论和创作学习班，专业理论丰富了，才能来指导实践。另一方面曲艺类的杂志也越来越少，作者写完无处发表，慢慢就不愿意写了。多开办曲艺相关刊物，多举办作品的评奖活动，鼓励作者们推出新作品、好作品，有了好作品演员才有用武之地。

第三要实现艺术升华，抓精品。这需要演员和作者们的共同努力。老革命家陈云曾为上海评弹题词"出人，出书，走正路"七个字。"出人"是要有打得响的演员，咱们南阳本地有不少国家一级演员，但是南阳的演员还没有打出中原走向全国，没有形成一种气候。年轻演员们要加强自身的素养，在节目上艺术上多下功夫，不能吃"老本"。作家也需要培养，写作品首先要感动自己才能感动观众。大调曲子要改革，创作同样需要革新。要让老树开新花，创作老百姓接受的作品，才能打动观众。"出书"是要有好作品，宣传南阳要有好作品。我创作的九场新编历史剧《太史令张衡》，由南阳县豫剧团改编演出，当时卖了几十场票，每场都售空，演出之后在地区会演中获奖。后来我根据剧中"观天"一场创作了曲艺《张衡观天》，获得1992年的河南省首届优秀文学艺术成果奖。如果说《张衡观天》是南阳曲艺中一个精品，那么希望现代的曲艺作家们能写出更多有时代精神和民族精神的力作，创编反映中国特色社会主义新时代新风貌的优秀曲目。另外，大调曲子的艺术表演形式是否也需要革新。曲艺是一门综合艺术，是语言、音乐和表演的多重结合。时代变了，观众的审美变了，大调曲子是否可以与时俱进，尝试运用数字舞美技术打造成为曲艺演出市场的精品工程呢？这都是值得我们研究的。

韩：您近年来还有什么新作品？

阎：近年来我结合南阳的旅游景点以及民俗文化创编了八九十篇曲艺唱词，出版了一部《南阳旅游颂》，希望能为南阳的旅游文化发展做出一份贡献。去年创作了一篇唱词《丹江情》，被南阳曲艺家协会评为一等奖。作为非遗传承人，我也将继续为河南的曲艺建设尽自己绵薄之力，也希望有更多有志之士能加入进来，让大调曲子这些曲艺形式能一代代传下去，让南阳这座"曲艺名城"能在全国打响我们自己的名片。◆

图书在版编目（CIP）数据

非遗传承研究. 2024.1 / 陆建非主编. —上海：
中西书局，2024
ISBN 978-7-5475-2238-7

Ⅰ.①非… Ⅱ.①陆… Ⅲ.①非物质文化遗产—研究
—中国 Ⅳ.①G122

中国国家版本馆 CIP 数据核字（2024）第 061800 号

非遗传承研究 2024（1）

陆建非 主编

责任编辑	刘　博	
装帧设计	杨钟玮	
责任印制	朱人杰	

出版发行　上海世纪出版集团
　　　　　　中西书局（www. zxpress. com. cn）

地　　址	上海市闵行区号景路 159 弄 B 座（邮政：201101）
印　　刷	上海商务联西印刷有限公司
开　　本	889 毫米×1194 毫米　1/16
印　　张	4.5
字　　数	140 000
版　　次	2024 年 3 月第 1 版　2024 年 3 月第 1 次印刷
书　　号	ISBN 978-7-5475-2238-7/G・775
定　　价	35.00 元

本书如有质量问题，请与承印厂联系。电话：021-56044193